聞く力・答える力が同時に身につく！

対話で覚える英会話

矢野 宏

UNICOM Inc.

## はじめに

　なかなか言いたいことが思うように言えない、言えたとしても相手の返答が何を言っているのか理解できず、会話を続けるのが難しいという方は多いのではないでしょうか？　本書では、そういう方々が日常英会話を楽しんで学習できるよう、また、最終目標として「話す英語」をマスターできるよう、工夫を凝らしています。

　「話す英語」つまり「TPOに応じて、適切な表現が英語でスムーズに口をついて出るようにすること」を身につけるためには、**「対話文」で学習することが非常に重要**です。そのため、本書では全編を通して**インデックス付きの厳選した対話文例**を挙げています。

### 「対話文」で学習すると英語は頭に入る

　ちまたでは、単文の文例がずらりと並んだ「自分の話したいことだけ載った文例集」をよく見かけます。しかし、この形式で勉強したとして、言いたいことは言えたとしても相手の返答は何を言っているのか一向に理解できないまま、一方通行です。また逆に、相手が話しかけてくることに対して自分がどう返答すればよいのかわからずまごついてしまい、気まずい雰囲気が漂う……ということが、実はよくあるのではないでしょうか。

　このように、コミュニケーションというのは、相手が何を話しているかお互い理解できないと成り立たないものです。そこで「対話文」での学習が重要となります。**話し手・聞き手双方の文例に触れるので、言いたいことが言えるようになるだけではなく、応答も覚えられます。**付属のCD音声を聞く際にも、そのどちらにも注意が向き、丸ごと聞き取れるようになり、相手の言っていることがわかりはじめ、だんだんスムーズに会話できるようになります。

これが、本書のタイトルにもなっているように、**対話で覚えると「聞く力・答える力が同時に身につく」**ということなのです。

「厳選した文例」とは？
　基本的なこととして、**実用的な口語英語であること、そして頻繁に使われる英語表現**を厳選しています。また、なるべく簡単にマスターするために、**適切な短い文例**から成り立っています。

　以上を基本とした**よく使う表現はもちろんのこと、米国など英語圏の文化に即した文例**も厳選しています。海外ではあらゆる場面で、自分の意見や考えを述べる必要性が出てきます。このため、少しネガティブな表現（「嫌だ」とか「つまらない」とか）で、自己主張しないといけない機会もあるでしょう。そのような、日本では適当に濁してしまいそうな文例も掲載してあります。例えそれを実際に言うことはなくても、言われる可能性は否定できず、本書に触れていれば、そんなときにも躊躇しないで対応できるようになります。スムーズなコミュニケーションに必要不可欠なことでしょう。

　本書での学習が、皆さまの英語でのコミュニケーションを豊かにする起爆剤になりうると信じ、生きた英語の習得にお役に立つことを願ってやみません。

矢野 宏

　次の「本書の構成と使い方」では、インデックスを活用して「話す英語」を効果的・効率的にマスターできる使い方をご紹介しています。

# 本書の構成と使い方

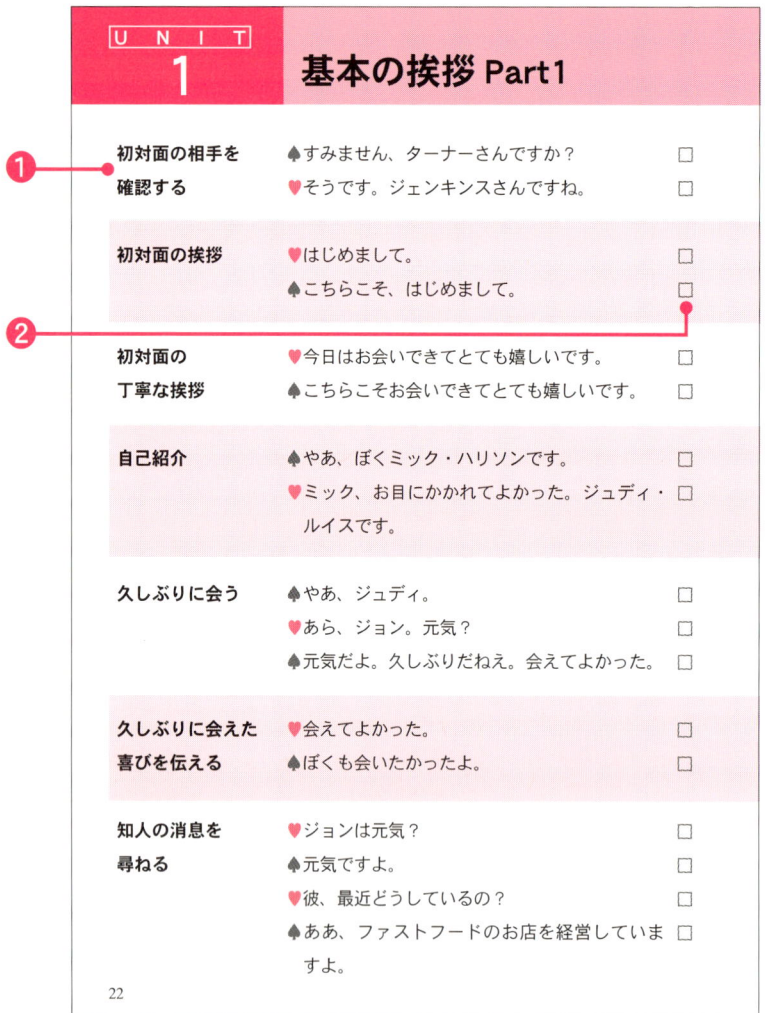

1. **インデックス**…対話の内容がわかり、必要な表現がすぐ見つかります。
2. **チェックボックス**…自分の覚えたい表現にチェックを入れます。
3. **重要マーク**…覚えておきたいよく使う表現。解説付。

❹ 解説…単語の意味などの補足事項で、理解を助けます。

❺ 日付記入欄…学習した日にちを記入します。2セット分あります。

❻ CD音声のトラック番号…付属のCDには英語の音声が入っています。

本書は、「基本編」「行動編」「シチュエーション編」の3セクション・72場面に分け、**日常生活で必要なあらゆる場面から、頻出の対話文を選りすぐって掲載しています。各場面ごとに**5〜8の対話文例を掲載してありますので、本書だけで1000を超えようかという豊富な文例に触れることができます。

　対話文の冒頭には、**各々の「会話の内容」がひと目でわかる「インデックス」**が明記してあり、「こんなとき、こう言いたい場合には何と表現するのか」を瞬時に見つけることができます。

　また、すべての例文についている□を活用して、**自分にとって必要な文だけを選ぶことも可能で、効率的に英会話を学習できる**構成になっています。

　以上のような特長を最大限に活かして、英語を確実に物にしようではありませんか！
　そのための使い方をここでご紹介したいと思います。

## 3ステップで学習する

　まずは目次を参考に、自分の学習したいユニットを1つ選びましょう。選んだユニットから、学習を始めます。
　学習は「読む」「聞く」「言う」、この基本的な3つのステップを踏むだけなので、気軽に始めてみてください。

---

<ステップ1・読む>
選んだユニットをざっと黙読、例文の意味を把握する
↓
<ステップ2・聞く>
CD音声を聞いて真似てみる

---

↓
<ステップ3・言う>
テキストの日本語を見て英語で言う

　それでは、各ステップの詳細をご紹介します。

### <ステップ1・読む>
**好きなユニットを選んでざっと黙読、文の意味を把握する**

　目次を見て興味のあるユニットを選び、黙読してください。理解できない英文については特に、日本語文や解説をよく確認して、すべての文を理解しておきましょう。

　また、このステップは、本書ならではのより効率的に学習するためのベースをつくるステップにもなります。気に入ったフレーズや覚えておきたいセンテンスがあれば、各例文についている□にチェックを入れておきます。そうしておけば、以降のステップでそこを意識的に学習でき、一冊終えたときには自分だけのマイ・フレーズ集が出来上がります。復習する際には、そのセンテンスだけを学習するというのも手かもしれません。

　これを終えたらページ右上の「ステップ1」の欄に学習した日付を入れて、次のステップに進みましょう。

### <ステップ2・聞く>
**テキストを見ながらCD音声を聞いて真似てみる**

　ステップ2では、付属のCDを使ってリスニング力をつけます。ユニットごとにトラック番号がつけてあるので、選んだユニットだけを簡単に聞くことができます。

　ここでは音に集中してイントネーションやリズムをよく注意して聞き、発音のわからないものはよく確認しておきましょう。それから声に出して真似てみます。声に出しても例文の意味がとれるよう意識しなが

ら真似てください。特に、ステップ1でチェックを入れた文に関しては、表現を覚えるとともに正しい音をつかめるよう、集中して学習しましょう。

　ネイティブのように言えなくても自分なりに真似ればOK！　ユニットの英文を全部言い終えたら、ページ右上の「ステップ2」の欄に日付を記入しましょう。

### <ステップ3・言う>
**テキストの日本語文を見て英語で言う**

　この最終ステップでは、まずテキストの日本語文だけを見て、その英文を言ってみます。すぐに出てこない英文は、声に出して読んでもかまいません。ページの最後まで言い終えたら、ページ右上の「ステップ3」の欄に日付を入れましょう。

　ここまでくれば口も慣れ、かなりスムーズに英語が言えるようになっていることに気づくことでしょう。

　以上の1セットを終えたら、目次に戻り別のユニットを選んで、同じようにステップ1から取りかかってください。日付を入れるたび、目標の「TPOに応じて適切な表現がスムーズに口をついて出るようにすること」に近づいていることを実感されるはずです。学習済のユニットには、目次の各ユニットに付いている□にチェックを入れておけば、学習を終えたことが確認できて便利です。

　右上の日付記入欄は2セット分設けてあるので、すべてのユニットを終えたら、再度学習することをおすすめします。2セット目は、□にチェックの入っている例文だけ学習してもいいでしょう。復習したステップには、1セット目同様、終えた日付を書き込んでおきましょう。

# 目次

CONTENTS

はじめに ............................................................................. 2
本書の構成と使い方 ............................................................. 4

## Section 1　基本編

**UNIT1　□基本の挨拶 Part1** ............................................... 22
初対面の相手を確認する／初対面の挨拶／初対面の丁寧な挨拶／自己紹介／久しぶりに会う／久しぶりに会えた喜びを伝える／知人の消息を尋ねる

**UNIT2　□基本の挨拶 Part2** ............................................... 24
調子はどうか尋ねる／友人に調子はどうか尋ねる／変わりがないか尋ねる／急いでいる友人に声をかける／近況を尋ねる／仕事の具合を尋ねる／変わりないねと言う

**UNIT3　□別れ際の挨拶** ..................................................... 26
別れ際の気配り／週末の挨拶／近いうちに会おうと言う／急ぐとき／お互い便りを出し合う／お互い忘れない／寂しくなるねと言う

**UNIT4　□つきあい** ............................................................ 28
乗っている車の車種を聞く／まだ帰らないでと言う／仲を取り持つ／出かけるときを尋ねる／外出先を尋ねる／結論を聞く／ホームシックかどうか尋ねる

**UNIT5　□人の紹介** ............................................................ 30
気楽な自己紹介／少し形式ばった自己紹介／気楽に人を紹介する／知り合い同士を紹介する／既に知り合いか確かめる

**UNIT6　□提案** ................................................................... 32
詳細を話し合いたいと提案する／スポーツ観戦を提案する／宅

# 目次

配ピザをとるよう提案する／延期を提案する／行き方を提案する／外食を提案する／提案を求める

UNIT7 □誘い・招き..................................................................34
さりげなくランチに誘う／ごちそうしたいと誘う／自宅ディナーに招く／映画に誘う／ドライブに誘う／野球観戦に誘う

UNIT8 □頼む..............................................................................36
手伝いを頼む／配達を頼む／お金を崩してもらう／途中で降ろしてと頼む／時間を割いてもらう／契約書を送付してもらう／席を詰めてもらう

UNIT9 □予定を尋ねる Part1......................................................38
週末に予定があるか尋ねる／今晩暇かと尋ねる／今週会える日を尋ねる／都合のよい曜日を尋ねる／都合のよい時間を尋ねる／パーティーに行くつもりか尋ねる

UNIT10 □予定を尋ねる Part2....................................................40
出席するかどうか尋ねる／次に会う予定を尋ねる／予定時刻を尋ねる／出発予定を尋ねる／戻りの予定を尋ねる／旅行の予定がどうなったか尋ねる／旅行の予定を尋ねる

UNIT11 □都合を聞く.................................................................42
都合の良い日を聞く／都合を確かめる／特定の日の都合を聞く／急用で都合が悪くなった／忙しいかと尋ねる／来られるかどうか聞く

UNIT12 □許可を求める.............................................................44
空席に座りたい／携帯電話を借りたい／喫煙したい／電話番号を教えてほしい／メモをとりたい／ちょっと話したい

UNIT13 □援助を申し出る..........................................................46

さりげなく援助を申し出る／手伝いを申し出る／手助けを申し出る／車で案内する／迎えを申し出る／救急車を呼ぼうと申し出る／良い医者を教える／いつでも質問に応じる

## UNIT14 □助言する Part1 ...... 48
分割払いをすすめる／医者に診せるようすすめる／禁酒を助言する／忘れないように念を押す／説得するよう念を押す／賃上げを頼むようすすめる

## UNIT15 □助言する Part2 ...... 50
後回しにしないよう助言する／すぐ尋ねるよう助言する／交通ルールを守るよう助言する／我慢するよう助言する／忠告する

## UNIT16 □承諾する ...... 52
提案に同意する／しぶしぶ承諾する／感謝しながら承諾する／諸手を挙げて同意する／当然承諾する１／当然承諾する２／早退を承諾する

## UNIT17 □断る ...... 54
さりげなく断る／仕事で手一杯と断る／約束を断る／飲み物や食べ物を遠慮する／電話に出られない／オファーを断る／提案が却下される

## UNIT18 □賛成・反対 ...... 56
相手の意見に同意する／あなたの言う通りと言う／同調する／諸手を挙げて賛成する／賛成か反対か聞く／さりげなく反対する／遠回しに反対する

## UNIT19 □感謝・お礼 ...... 58
遠慮がちにお礼を言う／丁寧にお礼を言う／心から感謝する／わざわざ来てもらい感謝する／思いやりに感謝する／おかわり

# 目次

のお礼を言う／世話になったお礼を言う

**UNIT20** □褒める..................................................................60
心から相手を褒めたたえる／昇進を祝う／頭がいいと褒める／努力したことに感心する／料理の味を褒める／相手をたたえる／驚嘆する／感銘した

**Unit21** □詫びる..................................................................62
コーヒーをこぼして詫びる／来客を待たせ続け詫びる／意向にそえず詫びる／約束に遅れ詫びる／ぶつかって詫びる／時間が取れないことを詫びる

## Section II　行動編

**UNIT1** □近況を尋ねる..........................................................66
元気かと尋ねる／近況を尋ねる／今いる場所を尋ねる／戻る日を尋ねる／居所を尋ねる／今の職業を尋ねる／電話での様子を尋ねる／もう慣れたか尋ねる

**UNIT2** □気づかい・気配り....................................................68
クヨクヨしている相手を励ます／あなたならできると励ます／元気出せと励ます／不満がないか気づかう／楽しんでいるか気にかける／滅入っている人に声をかける／体調を尋ねる

**UNIT3** □電話のやりとり......................................................70
在宅かどうか聞く／間違い電話だと伝える／後で折り返すと伝える／かかってきた電話に本人だと答える／伝言を頼む／内線につないでもらう

**UNIT4** □目的地に行く..........................................................72
場所を尋ねる／道を尋ねる／場所を知っているか尋ねる／トイレを尋ねる／薬局を探している／近くにいい店があるか尋ねる

CONTENTS

UNIT5 □約束 Part1..................................................................74
時間を決める／時間の変更／待ち合わせの場所と時間を決める／打ち合わせ時間と場所を決める／次に会う日を決める

UNIT6 □約束 Part2..................................................................76
迎えを約束する／電話をくれるよう約束する／会議で会うことを約束する／訪問の約束をする／アポをとって訪ねる

UNIT7 □予約............................................................................78
予約の変更／レストランの予約１／レストランの予約２／まだ予約できない／予約してあるかどうか尋ねる

UNIT8 □目的............................................................................80
理由を尋ねる／希望を尋ねる／来訪の目的／戻ってきた目的／用件を尋ねる／渡航目的／今年の目標

UNIT9 □経験・体験..................................................................82
ハワイ旅行の経験／旅行回数／海外旅行経験／過ごし方／趣味の様子／自分の経歴

UNIT10 □意見・感想................................................................84
無理だろうと告げる／延期してはどうか／コメントを求める／映画がつまらなかった／旅行が楽しかった／住み心地がよい／今年の流行はどうか

UNIT11 □説明を求める............................................................86
詳しい説明を求める／はっきりした説明を求める／試合経過を説明してほしい／状況を説明してほしい／解雇理由の説明を求める／会う用件を説明してほしい／何の用件か説明してほしい

UNIT12 □結果..........................................................................88
うまくいった／いつ結果がわかるか／事態の推移／試合結果／

13

# 目次

会議の結果／映画の感想／車での所要時間

**UNIT13 □判断する**..................................................90
国籍を判断する／覆水盆に返らず／職業を当てる／確実と判断する／すぐに判断できない／違法駐車になるか判断する／いい判断だと言う

**UNIT14 □確認 Part1**..................................................92
日時を再確認／場所を再確認／現在地を確認／土地勘があるはず／住所を再確認／これ以上問題ないか確認

**UNIT15 □確認 Part2**..................................................94
相手の意向を確認／問題が解決したことを確認／出欠の確認／既に伝えたか確認／ホテルが予約済か確認／知り合いかどうか確認／賃貸契約期間を確認

**UNIT16 □理由・原因**..................................................96
怒っている理由／黙っていた理由／遅れた理由／早く来た理由／働かない理由／仕事を辞める理由／固持する理由／交通事故の原因

**UNIT17 □可能・不可能**..................................................98
話す時間があるか／埋め合わせできるか／予定を変更できるか／連絡がつくか／借りていいか／予定通り目的地へ着けるか／お金を借りられるか

**UNIT18 □不満・満足**..................................................100
気にする／つまらなかった／後悔している／不満を言う／交渉成立／服が似合っている

**UNIT19 □非難**..................................................102
反論する／余計なお世話／とがめる／的はずれ／冗談が通じな

い／空気が読めないことを責める／皮肉を言う

**UNIT20 □希望・要望** ................................................................ 104
日帰り旅行をしたい／ついでに買ってきてもらいたい／車のフロントシートに座りたい／今、話し合いたい／知恵を借りたい／美味しいレストランであるよう願う／長く滞在したい

**UNIT21 □本音** ................................................................................ 106
未知の町の感想を聞く／気持ちを確かめる／どちらが好きか／真意を尋ねる／舞台の感想／退職理由

**UNIT22 □心の動揺** ................................................................... 108
取り越し苦労／耐え難い／驚く／後悔する／ショックはない／仕事がうまくいかない／八方ふさがり

**UNIT23 □交渉のやりとり** ........................................................ 110
もっと時間が欲しい／考える時間が欲しい／返答を延ばしたい／詳しい説明を要求する／相手に来てもらいたい／値段をまけてもらいたい／お互い妥協する

**UNIT24 □反論** ................................................................................ 112
思いとどまらせる／不可解だ／同意できない／納得させる／否定的な意見を言う／皮肉を返す／考えに反対する

**UNIT25 □関係・関連** ................................................................... 114
関連を想像する／関係を尋ねる／人と人との関係を確かめる／二者の関連を尋ねる／関わりがあるか尋ねる／仕事上の関連を尋ねる／体重と健康の関連を尋ねる

**UNIT26 □いろんな数字 Part1** ............................................... 116
時刻／乗車時刻／遅延時間／月日／フライトナンバー／為替レート／金額

目次

UNIT27 □いろんな数字 Part2 ............................................ 118
身長／長さ／速度／体温／車のナンバー／頻度／割合／倍数

## Section III　シチュエーション編

UNIT1 □バス・電車 ............................................ 122
乗車時間を尋ねる／乗車時間は長いか尋ねる／所要時間を尋ねる／路線を尋ねる／乗り場を尋ねる／目的地までバスが行くか確かめる／空港への行き方を尋ねる／運行間隔を尋ねる

UNIT2 □タクシー ............................................ 124
タクシーを呼んでもらう／行き先を告げる／到着時間を確認する／迎車を頼む／明朝の迎車予約／料金を支払う

UNIT3 □空港 ............................................ 126
チェックインの場所を確かめる／到着予定時刻を尋ねる／スーツケースの機内持込を尋ねる／窓側の座席を希望する／セキュリティチェックに引っかかった／便が到着したか確かめる

UNIT4 □ホテル ............................................ 128
予約なしで宿泊／チェックインする／チェックアウトの時間を尋ねる／朝食の時間を尋ねる／ランドリーサービスを頼む／部屋の温度調整を頼む

UNIT5 □レストラン ............................................ 130
電話予約をする／レストランに入る／おすすめの料理を聞く／飲み物を頼む／注文した料理と違う／追加注文はないと答える

UNIT6 □飲み屋 ............................................ 132
飲みに誘う／ビールを頼む／バーボンを頼む／ダブルで頼む／飲み物をすすめる／相手におごる

UNIT7 □ショッピング Part1 ............................................ 134

見ているだけと伝える／店内を見てまわりたい／ディスカウントしてほしい／まとめ買い／上の棚の商品を取ってほしい／商品のメリットを尋ねる／クレジットカードで購入する

UNIT8 □ショッピング Part2 ................................................ 136
売り場のフロアを尋ねる／価格を尋ねる／試着したい／サイズが小さい／探している品を店員に尋ねる／品切れ

UNIT9 □ドラッグストア ................................................ 138
水虫の薬を買う／頭痛薬を買う／虫刺されの薬を買う／日焼け止めを買う／試してみると言う／おすすめの理由を聞く

UNIT10 □仕事 ................................................ 140
休日を尋ねる／休みかどうか確かめる／有休を取りたい／仕事の予定を尋ねる／人の能力を測る／退職した日を尋ねる

UNIT11 □職探し ................................................ 142
仕事を探している／アルバイトに応募したい／結果がいつ出るか知りたい／就職できる可能性を尋ねる／探している職種／勤務開始日

UNIT12 □レンタカー ................................................ 144
レンタカーの手続きをする／国際免許証を見せる／燃費のいい車を希望する／料金を尋ねる／追加料金が必要か聞く／レンタル期間

UNIT13 □車のトラブル ................................................ 146
バッテリーがあがった／エンジントラブル／ラジエーターの点検を頼む／ガス欠／脱輪

UNIT14 □旅行代理店 ................................................ 148
指定日のフライトを尋ねる／ツアー内容を知りたい／観光ツ

# 目次

アーの所要時間を尋ねる／食事付きのツアーか尋ねる／条件に合うホテルを探してもらう

## UNIT15 □アパート・部屋探し .................................................. 150
不動産屋に電話する／希望の部屋数を言う／家賃を尋ねる／公共料金のことを尋ねる／保証金が要るか尋ねる／部屋を見せてもらう

## UNIT16 □人の描写 .............................................................. 152
外見の特徴／身につけていたものを説明する／年令を想像する／眼鏡をかけているかどうか／身長を想像する／あごひげの感想

## UNIT17 □紛失 .................................................................. 154
遺失物係に電話する／紛失物について説明する／レストランにかばんを置き忘れた／間違いなく置き忘れた／預けた手荷物が到着しない／入館証を紛失した

## UNIT18 □事件・事故 ............................................................ 156
発砲事件を通報／火災発生を通報／交通事故らしいと言う／車が盗まれた／怪我

## UNIT19 □スポーツ・娯楽 ........................................................ 158
人気のスポーツ／好きなスポーツ／リードしているチームを聞く／ジョギングの理由／観たい映画／上映時間を聞く／舞台の感想

## UNIT20 □パーティー ............................................................ 160
パーティーに誘う／飲み物をすすめる／気に入った人がいる／さりげなくダンスに誘う／辞去する／再会を約束する／招待してもらったことを感謝する

## UNIT21 □健康 .................................................................. 162

解熱剤の服用をすすめる／ダイエットをすすめる／体の具合を尋ねる／めまいがする／調子が良くなった／花粉症の調子／骨折で入院中

UNIT22 □**天候 Part1** ............................................................................ 164
いい天気／ひどい天気／風が強い／涼しい／悪天候に閉口する／暑い天気の話題

UNIT23 □**天候 Part2** ............................................................................ 166
晴れを期待する／雪になりそう／雨が降りそう／明日の予報／天気を予想／台風が来ている／天気が回復

UNIT24 □**天候 Part3** ............................................................................ 168
気温／湿度／素晴らしい季節／旅行先の天気／電話先の天気

*Take care.*

*Bye.*

▶▶▶ **Section I**

# 基本編

基本編では、「初対面の挨拶」や「自己紹介」といった必要不可欠なフレーズから「お礼を言う」「褒める」「詫びる」といった、日常的によく使われる基本的な働きかけをまとめています。決まり文句も多いこのセクション、覚えておくと便利な表現が満載です。

*You, too. Bye.*

# UNIT 1 基本の挨拶 Part1

| 初対面の相手を確認する | ♠すみません、ターナーさんですか？ □ |
| --- | --- |
| | ♥そうです。ジェンキンスさんですね。 □ |

| 初対面の挨拶 | ♥はじめまして。 □ |
| --- | --- |
| | ♠こちらこそ、はじめまして。 □ |

| 初対面の丁寧な挨拶 | ♥今日はお会いできてとても嬉しいです。 □ |
| --- | --- |
| | ♠こちらこそお会いできてとても嬉しいです。 □ |

| 自己紹介 | ♠やあ、ぼくミック・ハリソンです。 □ |
| --- | --- |
| | ♥ミック、お目にかかれてよかった。ジュディ・ルイスです。 □ |

| 久しぶりに会う | ♠やあ、ジュディ。 □ |
| --- | --- |
| | ♥あら、ジョン。元気？ □ |
| | ♠元気だよ。久しぶりだねえ。会えてよかった。 □ |

| 久しぶりに会えた喜びを伝える | ♥会えてよかった。 □ |
| --- | --- |
| | ♠ぼくも会いたかったよ。 □ |

| 知人の消息を尋ねる | ♥ジョンは元気？ □ |
| --- | --- |
| | ♠元気ですよ。 □ |
| | ♥彼、最近どうしているの？ □ |
| | ♠ああ、ファストフードのお店を経営していますよ。 □ |

♠ Excuse me, are you Ms. Turner?
♥ Yes. And you must be Mr. Jenkins.

♥ Nice meeting you.
♠ Same here.
Same here. ＝「こちらも同様です」の意。「こちらこそ」の意味を出すためにはhereにアクセントを。

♥ I'm so happy to meet you today.
♠ I'm really happy we met, too.

♠ Hi, I'm Mick Harrison.
♥ Nice to meet you, Mick. I'm Judy Lewis.
Nice to meet you. は初対面のときの挨拶言葉。自己紹介は My name is ～ より I'm ～ の方がこなれた感じがしますね。

♠ Hello, Judy.
♥ Well, hello, John. How are you?
♠ I'm fine. Long time no see. Glad to see you.
Long time no see. ＝「久しぶりだね」。くだけた表現なので仲間うち以外には使わないように。

♥ It's so good to see you.
♠ I really missed you, too.
miss は「～がいないのを残念に思う」という動詞。

♥ How's John?
♠ He's fine.
♥ What's he doing these days?
♠ Oh, he's running a fast-food restaurant.
run a fast-food restaurant は「ファストフード店まで走って行く」のではありません。run には「（店、会社などを）経営する」の意味があるので覚えておきましょう。

# UNIT 2 基本の挨拶 Part2

| | | |
|---|---|---|
| **調子はどうか尋ねる** | ♥調子はいかがですか？<br>♠変わりないです。 | ☐<br>☐ |

| | | |
|---|---|---|
| **友人に調子はどうか尋ねる** | ♠調子はどう？<br>♥まあまあだね。 | ☐<br>☐ |

| | | |
|---|---|---|
| **変わりがないか尋ねる** | ♠やあ、テリー。何か変わったことある？<br>♥別にないねえ。 | ☐<br>☐ |

| | | |
|---|---|---|
| **急いでいる友人に声をかける** | ♥どうしたの？<br>♠急いでいるんだ。<br>♥気をつけてね。<br>♠ありがとう。それじゃ。 | ☐<br>☐<br>☐<br>☐ |

| | | |
|---|---|---|
| **近況を尋ねる** | ♥ジェリーはどうしてる？<br>♠仕事でインディアナポリスに行っています。 | ☐<br>☐ |

| | | |
|---|---|---|
| **仕事の具合を尋ねる** | ♥景気はどう？<br>♠まあまあだね。 | ☐<br>☐ |

| | | |
|---|---|---|
| **変わりないねと言う** | ♥迎えに来てくれて本当にありがとう。<br>♠どういたしまして。一年経ったけど、少しも変わってないね。 | ☐<br>☐ |

| STEP 1 | STEP 2 | STEP 3 | STEP 1 | STEP 2 | STEP 3 |
|---|---|---|---|---|---|
| / | / | / | / | / | / |

CD-02

♥ How are you doing?
♠ The same as ever.

♠ How are things?
♥ Just so-so.
・How are things? = How are you? のくだけた言い方。
・Just so-so. = 「よくも悪くもない」「まあまあ」

♠ Hello, Terry.  What's new?
♥ Nothing much.
Nothing much は「別に何もないけど」と答えるときの決まり文句。

♥ What's up? ❗重要
♠ I've got to run.
♥ Well, take it easy.
♠ Thanks.  Bye.
What's up? =「元気?」「調子はどう?」という友人同士の挨拶で、テンポの良いフレーズ。
How's everything?、What's new? も同じ意味です。

♥ How's Jerry?
♠ He is in Indianapolis on business.

♥ How's business?
♠ Not bad.

♥ I appreciate your coming to meet me.
♠ You're welcome.  It's been a year but you haven't changed a bit.
appreciate は丁寧にお礼を言うときに使います。

# UNIT 3 別れ際の挨拶

| | | |
|---|---|---|
| **別れ際の気配り** | ♥気をつけてね。 | □ |
| | ♠君もね。またね。 | □ |
| | ♥さよなら。 | □ |

| | | |
|---|---|---|
| **週末の挨拶** | ♥良い週末を。 | □ |
| | ♠君もね。 | □ |

| | | |
|---|---|---|
| **近いうちに会おうと言う** | ♠それじゃあ、また。 | □ |
| | ♥また、近いうちね。 | □ |

| | | |
|---|---|---|
| **急ぐとき** | ♥もう行かなきゃ。またあとでね。 | □ |
| | ♠わかった。 | □ |

| | | |
|---|---|---|
| **お互い便りを出し合う** | ♥連絡を待っているよ。 | □ |
| | ♠いいとも。すぐメールするよ。 | □ |
| | ♥近いうちにまた来てね。 | □ |

| | | |
|---|---|---|
| **お互い忘れない** | ♥忘れないでね。 | □ |
| | ♠忘れないよ。ぼくのことも忘れないでね。 | □ |

| | | |
|---|---|---|
| **寂しくなるねと言う** | ♠来月、ニューヨークに発つんだ。 | □ |
| | ♥ええっ、寂しくなるね。 | □ |

♥ Take care.
♠ You, too.  Bye.
♥ Bye.
Take care. は「気をつけてね」という別れ際の挨拶言葉。「身体を大事にしてね」のニュアンスが含まれています。

♥ Have a nice weekend.
♠ Same to you.
Have a nice 〜 . は trip、evening、holiday、birthday party といろいろな状況で使えます。

♥ Be seeing you.
♠ Right.  See you around.

♥ Well, I've got to go.  See you later.
♠ Okay.
have got to 〜 は、have to 〜 ＝「〜しなくてはいけない」の口語表現。日常会話ではとてもよく使われます。

♥ Let me hear from you.
♠ You bet!  I'll e-mail you soon.
♥ Come back to see us soon.
・Let me 〜＝「私に〜させてくれ」　・You bet!＝「もちろん」

♥ Keep in touch!
♠ Yes, I will.  I won't forget you, and you won't forget me.
Keep in touch! =「連絡を絶やさないで」という決まり文句。メール文の最後にもよく使います。

♠ I'll leave for New York next month.
♥ Oh, we'll miss you.
We'll miss you. =「君がいなくなると寂しい」の意。miss は「〜がいないのを残念に思う」という動詞。

# UNIT 4 つきあい

| | | |
|---|---|---|
| **乗っている車の車種を聞く** | ♠お宅の車の車種は何ですか？<br>♥車は持っていないのです。 | ☐<br>☐ |
| **まだ帰らないでと言う** | ♥帰るから。また明日ね。<br>♠まだいろよ。ぼく、今来たばかりなんだよ。 | ☐<br>☐ |
| **仲を取り持つ** | ♠今、時間ある？ 君が会いたがっていた人がいるんだけど。<br>♥誰なの？ | ☐<br>☐ |
| **出かけるときを尋ねる** | ♥いつ出かけるの？<br>♠さあ、状況次第だな。 | ☐<br>☐ |
| **外出先を尋ねる** | ♥どこか出かけるようね？<br>♠買い物してくるよ。 | ☐<br>☐ |
| **結論を聞く** | ♥結論は出ましたか？<br>♠いいえ、まだです。 | ☐<br>☐ |
| **ホームシックかどうか尋ねる** | ♠日本がまだ恋しいかい？<br>♥少しね。 | ☐<br>☐ |

| STEP 1 | STEP 2 | STEP 3 | STEP 1 | STEP 2 | STEP 3 |
|--------|--------|--------|--------|--------|--------|
| /      | /      | /      | /      | /      | /      |

CD-04

♠ What type of car do you have?
♥ I don't have my own car.

♥ I'm going home. I'll see you tomorrow.
♠ Hey, hang around. I just got here.

♠ Are you free now? I have someone coming over you'd like to see.
♥ Who is it?

I'd (I would) like to 〜. =「〜したい」。I want to 〜. の丁寧な言い方になります。

♥ When will you be leaving?
♠ Well, that depends.

That depends. =「場合による」「そのときの事情による」「ケース・バイ・ケースだ」というときの表現。

♥ You're on your way somewhere?
♠ I'm going to do some shopping.

on one's way 〜＝「〜への途中で」

♥ Any decision yet?
♠ Not yet.

♠ Are you still homesick for Japan?
♥ A little.

# UNIT 5 人の紹介

| | | |
|---|---|---|
| **気楽な自己紹介** | ♥ジュディ・ドリューといいます。 | ☐ |
| | ♠お会いできてうれしいです、ジュディ。ビル・ディロンです。 | ☐ |
| | ♥お会いできてうれしいです。 | ☐ |
| **少し形式ばった自己紹介** | ♥まだご挨拶していませんね。医者をしているジョンソンと申します。 | ☐ |
| | ♠お会いできて光栄です、ジョンソン先生。ピーター・トーマスと申します。 | ☐ |
| | ♥お会いできてうれしいです、トーマスさん。 | ☐ |
| **気楽に人を紹介する** | ♠メアリー、ジョーを紹介しよう。 | ☐ |
| | ♥はじめまして、ジョー。あなたのことはよく伺っていますよ。 | ☐ |
| **知り合い同士を紹介する** | ♥ドナ、こちらはナッシュビルの工場のカール・フェイさんです。 | ☐ |
| | ♠お会いするのを楽しみにしていましたよ、ドナさん。 | ☐ |
| **既に知り合いか確かめる** | ♥お二人、お会いになったことはありますか。 | ☐ |
| | ♠いいえ、初めてお会いしたと思います。 | ☐ |

| STEP 1 | STEP 2 | STEP 3 | STEP 1 | STEP 2 | STEP 3 |
|--------|--------|--------|--------|--------|--------|
| /      | /      | /      | /      | /      | /      |

**CD-05**

♥ Hi, I'm Judy Drew.

♠ Nice to meet you, Judy.  I'm Bill Dillon.

♥ Nice to meet you, too.

Nice to meet you. は初対面のときの挨拶言葉。自己紹介は My name is 〜 より I'm 〜 の方がこなれた感じがしますね。

♥ I don't think we've been introduced.  I'm Dr. Johnson.

♠ It's a pleasure to meet you, Dr. Johnson.  My name is Peter Thomas.

♥ I'm very happy to meet you, Mr. Thomas.

上記と同じく、自己紹介の表現です。

♠ Mary, may I introduce Joe?

♥ How do you do, Joe?  I've often heard about you.

♥ Donna, this is Carl Faye from our factory in Nashville.

♠ I've been looking forward to meeting you, Donna.

・目上の人に年下の人を、女性に男性を、知人に家族を先に紹介するのがマナー。
・look forward to 〜＝「〜を楽しみにして(首を長くして)待つ」。to の後には動名詞がくることに注意しましょう。

♥ Do you two know each other?

♠ No, I don't think we've met.

# UNIT 6 提案

| | | |
|---|---|---|
| 詳細を話し合いたいと提案する | ♥詳細にわたって話し合いたいのですが。<br>♠同感です。 | □<br>□ |
| スポーツ観戦を提案する | ♠今晩、フットボールの試合観に行かない？<br>♥いいねえ。何時？<br>♠5時頃迎えにいくよ。 | □<br>□<br>□ |
| 宅配ピザをとるよう提案する | ♥ピザの宅配頼もうよ。<br>♠いいね。 | □<br>□ |
| 延期を提案する | ♠あとでこの件、話し合おうよ。<br>♥そうだね。 | □<br>□ |
| 行き方を提案する | ♥空港までどうやって行くの？<br>♠タクシーに乗ろうよ。いいだろう？ | □<br>□ |
| 外食を提案する | ♥今晩、外で食事しようよ。<br>♠どこへ行くつもり？<br>♥ベニエルはどう？<br>♠いいねえ、そうしよう。 | □<br>□<br>□<br>□ |
| 提案を求める | ♥何かご提案をいただけますか？<br>♠ちょっと待ってください。 | □<br>□ |

| STEP 1 | STEP 2 | STEP 3 | STEP 1 | STEP 2 | STEP 3 |
|---|---|---|---|---|---|
| / | / | / | / | / | / |

CD-06

♥ I think it would be better to go into the details now.
♠ That's what I'm thinking.

♠ How about going to a football game tonight?　　**(!)重要**
♥ Sure, that sounds great.　What time?
♠ I'll pick you up around five.　　**(!)重要**
　・How about ～ ? は「～はどう？」と勧誘や提案に使えるとても便利なフレーズです。
　・Sure. =「もちろん」と強い同意を表します。同じ意で Surely / Certainly / Of course / Absolutely などがあります。
　・pick ～ up =「～を車で迎えに行く」

♥ How about having pizza delivered?　　**(!)重要**
♠ Cool.
　Cool. は、相手の誘いや提案に対して「いいですよ」というくだけた表現。

♠ Why don't we talk about this later?
♥ Alright.

♥ How are we getting to the airport?
♠ Why don't we take a taxi?　Is that OK?

♥ What do you say to eating out tonight?
♠ Which restaurant would you like to go to?
♥ How about the Beniels?
♠ OK, I'm in.
　・What do you say to ～ ? =「～はどうですか？」と相手の意向を尋ねる表現。
　・I'm in は ( 提案に ) 乗り気だったり、賛成の意を表すカジュアルな表現。

♥ What kind of suggestions can you give us?
♠ Just give me a few more minutes.

# UNIT 7 誘い・招き

| | | |
|---|---|---|
| **さりげなく ランチに誘う** | ♠今からランチにしない？<br>♥いい考えね。 | ☐<br>☐ |
| **ごちそうしたいと 誘う** | ♥明日、ディナーをごちそうしたいんだけど。<br>♠いいね！　ご親切にどうも。 | ☐<br>☐ |
| **自宅ディナーに 招く** | ♠明日、ディナーに友人が来るんだ。君もどう？<br>♥ぜひ伺わせてもらうよ。 | ☐<br>☐ |
| **映画に誘う** | ♥今晩、映画に行かない？<br>♠残念だけど、やることがたくさんあるんだ。明日の夜はどう？ | ☐<br>☐ |
| **ドライブに誘う** | ♥週末にニューオリンズへドライブしない？<br>♠あまり気が進まないな。<br>♥どうして？　絶対楽しいって。 | ☐<br>☐<br>☐ |
| **野球観戦に誘う** | ♠土曜日に野球観に行かない？<br>♥ああ、いいね。何時に？<br>♠5時頃迎えに行くよ。 | ☐<br>☐<br>☐ |

| STEP 1 | STEP 2 | STEP 3 | STEP 1 | STEP 2 | STEP 3 |
|---|---|---|---|---|---|
| / | / | / | / | / | / |

CD-07

♠ Why not have lunch together now?
♥ Good idea!
   Why not have ～ ? = 「～しない？」は Why don't you have ～ ? のくだけた言い方です。

♥ I'd like to take you out to dinner tomorrow.   ❗重要
♠ That's great!  That's very kind of you.
   ・I'd (I would) like to ～ . =「～したい」。I want to ～ . の丁寧な言い方になります。
   ・take ＋人＋ out =「( 人を ) 連れ出す」

♠ I'm having a few friends to dinner tomorrow.  Could you come too?
♥ Sure.  I'd love to.
   I'd love to. =「～したい」。どちらかというと女性の言い方です。

♥ Would you like to go to a movie tonight?
♠ I'm afraid I've got a lot of things to do.  How about tomorrow night instead?   ❗重要
   How about ～ ? は「～はどう？」と勧誘や提案に使えるとても便利なフレーズです。

♥ Do you want to drive to New Orleans this weekend?   ❗重要
♠ I'd rather not.
♥ Why not?  It could be fun.
   ・Do you want to ～ ?、Can you ～ ?、Would you like to ～ ? などのように、誰かを誘うときは you を主語にするとさりげない感じがします。
   ・Why not? は相手の言葉が否定文のとき「どうしていけないのか？」と聞き返しになります。

♠ Are you interested in a baseball game on Saturday?
♥ Sure, that sounds great.  What time?
♠ I'll come to get you about five.
   ・be interested in ～ =「～に興味をもっている」
   ・Sure =「もちろん」と強い同意を表します。
   ・sound ～ =「～のように聞こえる」。sounds great は「素敵に聞こえる」、つまり「それはいいね」という決まり文句。great は「偉大な」ではなく、「素晴らしい」「素敵」の意味。
   ・「そちらへ行きましょう」というときは、相手の立場に立って go ではなく come を使います。

# UNIT 8 頼む

| | | |
|---|---|---|
| **手伝いを頼む** | ♥車がエンストしちゃって。押すのを手伝ってくれませんか？<br>♠喜んで。 | ☐<br>☐ |
| **配達を頼む** | ♠配達してくれますか？<br>♥承知しました。ご住所を教えてください。 | ☐<br>☐ |
| **お金を崩してもらう** | ♠10セント3枚を5セント6枚に崩してください。<br>♥ちょっと待って。あれば崩しましょう。 | ☐<br>☐ |
| **途中で降ろしてと頼む** | ♥途中で降ろしてもらえる？<br>♠かまわないよ。 | ☐<br>☐ |
| **時間を割いてもらう** | ♥少し時間を割いていただけませんか？<br>♠喜んで。 | ☐<br>☐ |
| **契約書を送付してもらう** | ♠契約書をホテルへ送っていただけますか？<br>♥承知しました。 | ☐<br>☐ |
| **席を詰めてもらう** | ♥少し席を詰めていただけますか？<br>♠いいですよ。 | ☐<br>☐ |

| STEP 1 | STEP 2 | STEP 3 | STEP 1 | STEP 2 | STEP 3 |
|--------|--------|--------|--------|--------|--------|
| /      | /      | /      | /      | /      | /      |

CD-08

♥ My car broke down. Can you help me push it?

♠ I'll be glad to.
・break down = 「(機械などが)故障する」
・Can you ～ ? はカジュアルな表現。

♠ Can you deliver them?

♥ Yes, sir. May I have your address?
上記と同じく、Can you ～ ? はカジュアルな表現。

♠ Can you break three dimes into six nickels?

♥ Just a moment. I will see if I can. ❗重要

Just a moment. = 「ちょっと待って」。Wait a minute. / Just a second. / Wait a second. などが同意。

♥ Will you drop me off on your way, please?

♠ No problem.
・Will you ～ ? には命令のニュアンスが少しあるので、使うときは注意しましょう。
・drop ～ off = 「～を(車から)降ろす」

♥ Could you spare me a few minutes?

♠ With pleasure.
Could you ～ ? は丁寧な表現。

♠ Would you mail the contract to my hotel?

♥ All right.
Would you ～ ? は丁寧な表現。

♥ Would you mind sliding over? ❗重要

♠ Sure, why not?
・Would you mind は迷惑でないか相手の気持ちを探る表現。直訳すると「～するのは嫌ではないですか？」となり、返答は No を使って「いいえ、嫌ではないです。どうぞ」という意味になるので、ついつい Yes と答えないように気をつけましょう。
・slide over = 「(電車などで)席を詰める」
・why not? = 「もちろんいい」「どうぞ」と申し入れを受諾する表現。

# UNIT 9 予定を尋ねる Part1

| | | |
|---|---|---|
| **週末に予定があるか尋ねる** | ♥週末は何か予定がある？ | □ |
| | ♠まだはっきりしないなあ。 | □ |

| | | |
|---|---|---|
| **今晩暇かと尋ねる** | ♥今晩、暇？ | □ |
| | ♠いや、やることがたくさんあってさ。 | □ |

| | | |
|---|---|---|
| **今週会える日を尋ねる** | ♠今週いつかお会いできますか？ | □ |
| | ♥残念だけど、スケジュールが詰まっているんです。 | □ |

| | | |
|---|---|---|
| **都合のよい曜日を尋ねる** | ♠金曜日はどうですか？ | □ |
| | ♥大丈夫です。 | □ |

| | | |
|---|---|---|
| **都合のよい時間を尋ねる** | ♥7時30分でいいですか？ | □ |
| | ♠ええ。私はいいですよ。 | □ |

| | | |
|---|---|---|
| **パーティーに行くつもりか尋ねる** | ♠今晩、パーティーに行きますか？ | □ |
| | ♥もちろん、行きます。 | □ |

| STEP 1 | STEP 2 | STEP 3 | STEP 1 | STEP 2 | STEP 3 |
|---|---|---|---|---|---|
| / | / | / | / | / | / |

CD-09

♥ What's your plan for the weekend?
♠ Not sure yet.

♥ Are you free tonight?
♠ No, not really.  I have too much to do.

♠ Can I see you sometime this week?
♥ I'm afraid my schedule is pretty tight.
・pretty = 「とても」「まずまず」
・tight = 「( 時間に ) 余裕がない」

♠ Is Friday OK?
♥ Yeah, that sounds good.
sound ～=「～のように聞こえる」。sounds good は「良いように聞こえる」、つまり「それはいいね」という決まり文句。

♥ How about 7:30 tonight?
♠ Sure.  That's fine with me.

(!)重要

・How about ～？は「～はどう？」と勧誘や提案に使えるとても便利なフレーズです。
・Sure. =「もちろん」と強い同意を表します。同じ意で Surely / Certainly / Of course / Absolutely などがあります。

♠ Going to the party tonight?
♥ Sure thing.
・Going の前に Are you が略されています。会話ではこのような主語や動詞の省略がよくあります。
・Sure thing. =「もちろん」というときの決まり文句。Sure enough. や You bet. も同意です。

# UNIT 10 予定を尋ねる Part2

| | | |
|---|---|---|
| **出席するかどうか尋ねる** | ♠ 今晩そこに行かれますか？ | ☐ |
| | ♥ ええ。 | ☐ |
| | ♠ では、私も立ち寄りましょう。 | ☐ |

| | | |
|---|---|---|
| **次に会う予定を尋ねる** | ♠ 次はいつ彼に会う予定？ | ☐ |
| | ♥ 来週末にね。 | ☐ |

| | | |
|---|---|---|
| **予定時刻を尋ねる** | ♥ 何時にそこに行けばいい？ | ☐ |
| | ♠ 10時まで。 | ☐ |

| | | |
|---|---|---|
| **出発予定を尋ねる** | ♥ いつ出発ですか？ | ☐ |
| | ♠ 来週の金曜日です。 | ☐ |

| | | |
|---|---|---|
| **戻りの予定を尋ねる** | ♥ いつ戻られる予定ですか？ | ☐ |
| | ♠ 今度の火曜日です。 | ☐ |

| | | |
|---|---|---|
| **旅行の予定がどうなったか尋ねる** | ♠ ニューオリンズ行きはどうなりましたか？ | ☐ |
| | ♥ 15日までに戻れれば行けるのだけど……。 | ☐ |

| | | |
|---|---|---|
| **旅行の予定を尋ねる** | ♥ バンクーバーで2、3日過ごすつもり？ | ☐ |
| | ♠ 5日間しかないから、時間が取れそうもないんだよ。 | ☐ |

| STEP 1 | STEP 2 | STEP 3 | STEP 1 | STEP 2 | STEP 3 |
|---|---|---|---|---|---|
| / | / | / | / | / | / |

CD-10

♠ Will you be there this evening?
♥ Yes, I will.
♠ I'll come by, then.     **!重要**
　・come by =「ちょっと立ち寄る」(口語)。stop by / drop by も同意。
　・「そちらへ行きましょう」というときは、相手の立場に立って go ではなく come を使います。

♠ When are you seeing him again?
♥ Next weekend.

♥ What time are we supposed to be there?
♠ By ten o'clock.
　be supposed to 〜 =「〜する予定になっている」

♥ When are you leaving?
♠ Next Friday.

♥ When will you be back?
♠ This coming Tuesday.     **!重要**
　this coming 〜 = next 〜 =「すぐ次の〜」。

♠ What have you decided about going to New Orleans?
♥ I can go if I'm back by the 15th.

♥ Are you going to spend a few days in Vancouver?
♠ We only have five days. I don't think we'll have time.
　have time =「時間がある」

41

# UNIT 11 都合を聞く

| | | |
|---|---|---|
| 都合の良い日を聞く | ♠いつご都合がいいですか？<br>♥スケジュールを見てみます。 | ☐<br>☐ |

| | | |
|---|---|---|
| 都合を確かめる | ♥それでいいですか？<br>♠いいですよ。 | ☐<br>☐ |

| | | |
|---|---|---|
| 特定の日の都合を聞く | ♥その日でいいですか？<br>♠いいえ。スケジュール変更できますか？ | ☐<br>☐ |

| | | |
|---|---|---|
| 急用で都合が悪くなった | ♠急用ができて、会いに行けなくなったよ。<br>♥それは残念だね。 | ☐<br>☐ |

| | | |
|---|---|---|
| 忙しいかと尋ねる | ♥今忙しいですか？<br>♠いいえ。<br>♥いくつか尋ねたいことがあるんです。 | ☐<br>☐<br>☐ |

| | | |
|---|---|---|
| 来られるかどうか聞く | ♠ビルは来るよ。君は？<br>♥行くよ。誘ってくれてありがとう。 | ☐<br>☐ |

| STEP 1 | STEP 2 | STEP 3 | STEP 1 | STEP 2 | STEP 3 |
|---|---|---|---|---|---|
| / | / | / | / | / | / |

CD-11

♠ When will it be convenient for you?
♥ Let me check my schedule.
・be convenient for 〜は、it や具体的な日時を主語にして「〜にとって都合がよい」という決まり文句。
・Let me 〜＝「私に〜させてくれ」

♥ Is it all right with you?
♠ OK with me.
Is it all right 〜？＝「〜していいですか？」と相手の都合を聞く表現。

♥ Does the date suit your schedule?
♠ Not really.  Can we reschedule it?
suit ＝適する

♠ A problem has come up, and I can't come to see you.
♥ I'm sorry to hear that.
「そちらへ行きましょう」というときは、相手の立場に立って go ではなく come を使います。

♥ Are you busy now?
♠ No.
♥ I've got a couple of questions for you.

♠ Bill is coming.  Can you?
♥ Sure.  Thanks for asking me.
Sure. ＝「もちろん」と強い同意を表します。同じ意で Surely / Certainly / Of course / Absolutely などがあります。

43

# UNIT 12 許可を求める

**空席に座りたい**
- ♥ すみません、この席誰か来ますか？ □
- ♠ いいえ、空いていると思います。 □
- ♥ かけてもいいでしょうか？ □
- ♠ どうぞ。 □

**携帯電話を借りたい**
- ♥ 携帯借りていい？ □
- ♠ いいよ。 □

**喫煙したい**
- ♠ タバコ吸ってもいいですか？ □
- ♥ どうぞ。 □

**電話番号を教えてほしい**
- ♠ 電話番号を教えて。 □
- ♥ いいよ、5496-7650。わかった？ □
- ♠ ああ、どうもありがとう。 □

**メモをとりたい**
- ♥ ちょっと待って。メモしますから。 □
- ♠ いいよ。ポプラウィル150番地、アパート3-G です。 □

**ちょっと話したい**
- ♠ 今ちょっといいですか？ □
- ♥ はい。なんでしょうか？ □

| STEP 1 | STEP 2 | STEP 3 | STEP 1 | STEP 2 | STEP 3 |
|---|---|---|---|---|---|
| / | / | / | / | / | / |

CD-12

♥ Excuse me, is this seat taken?

♠ No, I don't think so.

♥ Mind if I sit down?  　　　　　　　　　　　　　❗重要

♠ No, go ahead.

・Mind 〜？＝「〜してもかまいませんか？」。冒頭の Do you が省略されたもので、カジュアルな表現になります。直訳すると「〜するのは嫌ではないですか？」となり、返答は No を使って「いいえ、嫌ではないです。どうぞ」という意味になるので、ついつい Yes と答えないように気をつけましょう。
・go ahead は「どうぞ（お先に）」と、乗車や会話などあらゆる場面で、人に譲るときに使います。

♥ May I use your cellphone?

♠ Certainly.

♠ Do you mind my smoking?  　　　　　　　　　　❗重要

♥ No, go ahead.

上記にある、mind を使った表現です。

♠ Let me get your phone number.

♥ Sure, it's 5496-7650. Got it?

♠ Yeah, thank you.

・Let me 〜＝「私に〜させてくれ」　・Sure.＝「もちろん」と強い同意を表します。

♥ Wait a second. I want to write it down.  　　　❗重要

♠ Okay. It's 150 Poplarville, Apartment 3-G.

・要望や希望を述べるのは、I want（直接的な表現）の他にも I would like / I'd like（丁寧な表現）、I hope（実現可能なことへの願望）、I wish（実現不可能なことへの願望）があります。
・write down＝「書き留める」

♠ May I bother you a minute?

♥ Sure. What can I do for you?

・bother＝「うるさがらせる、迷惑をかける」の意味で、相手に依頼をするときの前置きの言葉としてよく使います。・Sure.＝「もちろん」と強い同意を表します。同じ意で Surely / Certainly / Of course / Absolutely などがあります。

# UNIT 13 援助を申し出る

| さりげなく<br>援助を申し出る | ♥何かお手伝いしましょうか？<br>♠ありがとう。でも何とかやれます。 | ☐<br>☐ |
|---|---|---|
| 手伝いを申し出る | ♠お手伝いできることがあれば言ってください。<br>♥ご親切にどうも。 | ☐<br>☐ |
| 手助けを申し出る | ♠手伝いましょうか？<br>♥かばんを網棚に載せていただけますか？ | ☐<br>☐ |
| 車で案内する | ♠ホテルへ車でご案内しましょうか？<br>♥ええ、そうしていただければありがたいです。 | ☐<br>☐ |
| 迎えを申し出る | ♥今晩7時30分にお迎えに行きましょう。<br>♠それはありがたい。 | ☐<br>☐ |
| 救急車を呼ぼうと<br>申し出る | ♥救急車を呼んだほうがいいですか？<br>♠いや、いや。その必要はないです。 | ☐<br>☐ |
| 良い医者を教える | ♥良い歯医者がありますよ。<br>♠どうも。どちらがおすすめですか？ | ☐<br>☐ |
| いつでも<br>質問に応じる | ♠ご質問があれば、いつでもいらしてください。<br>♥ありがとうございます。 | ☐<br>☐ |

|STEP 1|STEP 2|STEP 3|STEP 1|STEP 2|STEP 3|
|---|---|---|---|---|---|
| / | / | / | / | / | / |

CD-13

♥ Is there anything I can do?

♠ Thanks, but I can manage.

♠ Well, let me know if I can be of any help.

♥ Thank you for your kindness.

・let me ～ =「私に～させてくれ」 ・be of help =「役立つ、助けとなる」

♠ Do you need help?

♥ Would you mind putting my bag on the rack?

❗重要

Would you mind は迷惑でないか相手の気持ちを探る表現。直訳すると「～するのは嫌ではないですか？」となり、返答は No を使って「いいえ、嫌ではないです。どうぞ」という意味になるので、ついつい Yes と答えないように気をつけましょう。

♠ Shall I drive you to the hotel now?

❗重要

♥ Yes, that would be great.

drive =「車で行く」

♥ I'll pick you up at 7:30 this evening.

♠ Great.

pick ～ up =「～を車で迎えに行く」

♥ Should I call an ambulance for you?

♠ No, no. That's OK.

♥ I can recommend a good dentist.

♠ Thanks. Who do you recommend?

I recommend ～ =「～をお勧めします」という決まり文句。

♠ Well, feel free to come and see me if you have any questions.

♥ Thanks a lot.

feel free to ～ =（しばしば命令形で）「自由に～してよい」

# UNIT 14 助言する Part1

| | | |
|---|---|---|
| **分割払いを<br>すすめる** | ♥車が欲しいんだけど、とても買えなくて。<br>♠分割払いで購入すればいいんじゃない？ | ☐<br>☐ |

| | | |
|---|---|---|
| **医者に診せるよう<br>すすめる** | ♥背中が痛いんだ。<br>♠ぼくなら、医者に診てもらうけどなあ。 | ☐<br>☐ |

| | | |
|---|---|---|
| **禁酒を助言する** | ♠気分が悪いんだ。二日酔いになってしまった。<br>♥お酒やめればいいじゃない。 | ☐<br>☐ |

| | | |
|---|---|---|
| **忘れないように<br>念を押す** | ♥明日、いちばんに上司に電話するんだよ。<br>♠わかってる。 | ☐<br>☐ |

| | | |
|---|---|---|
| **説得するよう<br>念を押す** | ♠奴らに、嫌とは言わせないようにするんだぞ。<br>♥うん。よくわかってる。 | ☐<br>☐ |

| | | |
|---|---|---|
| **賃上げを頼むよう<br>すすめる** | ♠仕事は気に入っているんだけど、給料がよくないんだ。<br>♥上司に賃上げを要求すれば。<br>♠無理だよ。首になるよ。 | ☐<br>☐<br>☐ |

| STEP 1 | STEP 2 | STEP 3 | STEP 1 | STEP 2 | STEP 3 |
|---|---|---|---|---|---|
| / | / | / | / | / | / |

CD-14

♥ I'd love to buy a car, but I can't afford it.
♠ Why don't you buy it on an installment plan? !重要
・I'd love to ～＝「～したい」。どちらかというと女性の言い方。
・afford は通常、否定文・疑問文で can や be able to と共に「～をする余裕 ( 金銭や時間 ) がある」というときに使います。
・Why don't you ～？＝「～したらどう？」と、カジュアルに提案やアドバイスをするのに便利なフレーズです。Why don't we ～？にすると、「～しましょうよ」と勧誘の表現になります。

♥ I've got a backache.
♠ If I were you, I'd see a doctor.
see a doctor ＝「( 医者に ) 診てもらう」。see the doctor となると「( かかりつけの医者に ) 診てもらう」を意味します。

♠ I feel terrible.  I've got a bad hangover.
♥ I advise you to quit drinking.
quit ＝「( 仕事・習慣などを ) やめる」

♥ Be sure to call your boss first thing tomorrow.
♠ OK, I will.

♠ Just don't give them a chance to say no.
♥ Oh, sure.  I know that.

♠ I like my job, but I don't make enough money.
♥ You should ask your boss for a raise.
♠ I don't want to do that.  He may fire me.
fire には「首にする」「解雇する」の意味があります。

# UNIT 15 助言する Part2

| | | |
|---|---|---|
| 後回しにしないよう助言する | ♠大切なことを後回しにしないように。<br>♥肝に銘じておきます。 | □<br>□ |

| | | |
|---|---|---|
| すぐ尋ねるよう助言する | ♥電話して彼の都合を聞こうと思うんだけど。<br>♠すぐ尋ねるほうがいいよ。 | □<br>□ |

| | | |
|---|---|---|
| 交通ルールを守るよう助言する | ♥ここは駐車できないよ。<br>♠５分だけだから。<br>♥交通ルールを守るほうがいいんじゃないの。 | □<br>□<br>□ |

| | | |
|---|---|---|
| 我慢するよう助言する | ♥彼、もうすぐ来るから。我慢しなきゃ。<br>♠わかった。 | □<br>□ |

| | | |
|---|---|---|
| 忠告する | ♠それはあのことのようには簡単にはいかないと思いますよ。<br>♥なぜですか？<br>♠テリーに尋ねてください。 | □<br>□<br>□ |

| STEP 1 | STEP 2 | STEP 3 | STEP 1 | STEP 2 | STEP 3 |
|---|---|---|---|---|---|
| / | / | / | / | / | / |

CD-15

♠ You've got to learn to do first things first.
♥ I'll keep that in mind.
　have got to 〜 は、have to 〜 = 「〜しなくてはいけない」の口語表現。日常会話ではとてもよく使われます。

♥ I think I should call him up and get his OK.
♠ You'd better do it right away.
　・call 〜 up = 「〜に電話する」
　・had better 〜は動詞の原形の前につけて「〜するほうがよい」という意味になります。

♥ We can't park here.
♠ Only five minutes.
♥ We better obey the traffic laws.
　上記と同じく、had better 〜 =「〜するほうがよい」の表現ですが、会話では 'd better、またはこのように単に better となることが多いです。

♥ He'll be here soon. You've got to have patience.
♠ Okay.
　上記と同じく、have got to 〜 の表現。

❗重要

♠ I don't think it's quite as simple as that.
♥ Why?
♠ Terry will explain.
　as…as 〜 =「〜と同じくらい…」

51

# UNIT 16 承諾する

| | | |
|---|---|---|
| **提案に同意する** | ♠あなたの提案に彼は同意しましたか？ | ☐ |
| | ♥はい、しましたよ。 | ☐ |
| **しぶしぶ承諾する** | ♥やってみればいいと思うんだけど。 | ☐ |
| | ♠いいよ、君がやれと言うなら。 | ☐ |
| **感謝しながら承諾する** | ♠2時頃迎えに行こうと思うんだけど。 | ☐ |
| | ♥それでいいよ。 | ☐ |
| **諸手を挙げて同意する** | ♠飲み屋をはしごしませんか？ | ☐ |
| | ♥喜んで。 | ☐ |
| **当然承諾する1** | ♥今、お支払いしましょうか？ | ☐ |
| | ♠ええ。 | ☐ |
| **当然承諾する2** | ♥借金が終わるまで、クレジットで買うのはやめなさい。 | ☐ |
| | ♠ええ、もちろん。 | ☐ |
| **早退を承諾する** | ♥午後、早退していいですか？ | ☐ |
| | ♠いいですよ、午後はどうせ暇だから。 | ☐ |

| STEP 1 | STEP 2 | STEP 3 | STEP 1 | STEP 2 | STEP 3 |
|--------|--------|--------|--------|--------|--------|
| /      | /      | /      | /      | /      | /      |

CD-16

♠ Did he agree to your proposal?
♥ Yes, he did.

♥ I think you should give it a try.
♠ OK, if you want me to.
give ～ a try =「～をやってみる」。try は「試みる」という意味で、成功を目指していろいろと努力すること。

♠ How about if I pick you up about two? **重要**
♥ That's fine with me.
・How about ～?は勧誘や提案に使える便利なフレーズ。 ・pick ～ up =「～を車で迎えに行く」

♠ What do you say we go bar-hopping? **重要**
♥ Why not?
・What do you say (to) ～? =「～するのはどう?」「あなたは～をどう思う?」と相手の意思や考えを聞くパターン。How about ～?と同意です。
・Why not? =「もちろんいい」「どうぞ」と申し入れを受諾する表現。

♥ Would you like me to pay for it now?
♠ Sure.
Would you like ～?は相手に希望を尋ねるときや、「～はいかがですか?」と相手に物をすすめるときに使います。

♥ Give up all credit card buying until you're debt-free.
♠ Yes, of course.

♥ Can I take this afternoon off?
♠ Okay, it's not very busy this afternoon anyway.
off =「(仕事から)離れて、休んで」

53

# UNIT 17 断る

| | | |
|---|---|---|
| さりげなく断る | ♠明日まで待ったらどうだろう。<br>♥そうしたくないねえ。 | □<br>□ |
| 仕事で手一杯と断る | ♥今日中にこれらの書類に目を通してもらえますか？<br>♠悪いけど、他の仕事がたまっているんだ。 | □<br>□ |
| 約束を断る | ♥残念だけど、今晩お会いできません。<br>♠まさか。 | □<br>□ |
| 飲み物や食べ物を遠慮する | ♥もう少しいかがですか？<br>♠もう結構です。 | □<br>□ |
| 電話に出られない | ♥ミルズさんが話したいそうですけど。<br>♠今忙しいので、あとで電話くれるように言ってください。 | □<br>□ |
| オファーを断る | ♠いい機会ですが、オファーはお受けできません。<br>♥残念ですねえ。でももう一度、ぜひ考え直してみてください。 | □<br>□ |
| 提案が却下される | ♠あなたの提案、受け入れられましたか？<br>♥いいえ、だめでしたよ。 | □<br>□ |

| STEP 1 | STEP 2 | STEP 3 | STEP 1 | STEP 2 | STEP 3 |
|---|---|---|---|---|---|
| / | / | / | / | / | / |

CD-17

♠ Suppose we wait till tomorrow. ❗重要

♥ I'd rather not.
Suppose 〜 =「〜するのはどうか」と提案をする表現。〜には提案する内容が入ります。

♥ Do you think you could look over these documents today?

♠ I'm sorry, but I have a pile of work to do.
a pile of work =「山のような仕事」

♥ I'm afraid I won't be able to see you this evening.

♠ You don't mean it, do you?
I'm afraid は I think に近い意味ですが、話の内容が自分または相手に良くないときに用います。

♥ Won't you have some more?

♠ No, thank you.
Won't you 〜 ? =「〜しませんか？」と勧誘を表す表現。Will you 〜 ? よりも柔らかい言い方です。

♥ Mr. Mills wants to speak to you.

♠ I'm very busy right now. Ask him to call me back later.

♠ It's a good opportunity, but I've decided not to accept your offer.

♥ I'm disappointed to hear that. I do wish you'd think it over, though.
・do wish 〜 =「ぜひ〜する／してください」。do は wish を強調する語で、他にも do hope、do go、do eat のように動詞を強調して、いろいろな場面で使えます。
・think over =（提案などを）「よく考えてみる」「熟考する」「反省する」

♠ Was your proposal accepted?

♥ No, it was turned down.
turn down =（提案・申し入れなどを）「拒否する」「断る」

# UNIT 18 賛成・反対

| | | |
|---|---|---|
| **相手の意見に同意する** | ♥考えてみると、所得税が高すぎると思うんだけど。<br>♠ぼくも同感です。 | □<br>□ |
| **あなたの言う通りと言う** | ♥今必要なのは出費を抑えることだね。<br>♠その通り。 | □<br>□ |
| **同調する** | ♠用件に取りかかりたいんだけど。<br>♥いいですよ。 | □<br>□ |
| **諸手を挙げて賛成する** | ♠ぼくの意見に賛成しますか？<br>♥はい、もちろん。 | □<br>□ |
| **賛成か反対か聞く** | ♥この計画に賛成、それとも反対？<br>♠反対です。 | □<br>□ |
| **さりげなく反対する** | ♥これ、うまくいくと思う？<br>♠それはどうかな。 | □<br>□ |
| **遠回しに反対する** | ♠アルコールはマリファナと同じように悪いと思うよ。<br>♥さあ、どうだか。 | □<br>□ |

| STEP 1 | STEP 2 | STEP 3 | STEP 1 | STEP 2 | STEP 3 |
|---|---|---|---|---|---|
| / | / | / | / | / | / |

CD-18

♥ In my opinion income taxes are too high.

♠ I agree with you.

agree with ＝「( 意見が人と ) 一致する、賛成する」。「( 申し出などに ) 応ずる、同意する」ときは with ではなく to を使います。

♥ I think all we have to do now is cut down on our expenses.

♠ You're right.

♠ Let me get down to the main business.

♥ Sure.

・Let me ～＝「私に～させてくれ」
・get down to the main business ＝「肝心の仕事に取りかかる」

♠ Do you agree with my opinion?

♥ Yes, of course.

♥ Are you for or against this plan?

!重要

♠ I'm against it.

for or against ～ ＝「～に賛成か反対か」。どちらでもなければ、Neither. と答えます。

♥ Do you think this will work out?

♠ I doubt it.

work out ＝「( 計画などが ) うまくいく」

♠ I think alcohol is just as bad as marijuana.

♥ Well, I don't know about that.

as…as ～ ＝「～と同じくらい…」

57

# UNIT 19 感謝・お礼

| | | |
|---|---|---|
| 遠慮がちに<br>お礼を言う | ♥まあ、そんなことしなくてもいいのに。でも、<br>　どうもありがとう。<br>♠気に入ってくれてよかった。 | □<br><br>□ |

| | | |
|---|---|---|
| 丁寧にお礼を言う | ♠本当に恩に着ます。<br>♥どうぞ気にしないで。 | □<br>□ |

| | | |
|---|---|---|
| 心から感謝する | ♠車を貸してくれて、とても助かったよ。<br>♥いつでもどうぞ。 | □<br>□ |

| | | |
|---|---|---|
| わざわざ来てもら<br>い感謝する | ♠わざわざアドバイスしに来てくれてありがとう。<br>♥お手伝いできてうれしいよ。 | □<br>□ |

| | | |
|---|---|---|
| 思いやりに<br>感謝する | ♥もし疑問点があれば、いつでもお電話してね。<br>♠感謝します。 | □<br>□ |

| | | |
|---|---|---|
| おかわりの<br>お礼を言う | ♥もう一杯いかが？<br>♠いただきます。ありがとう。 | □<br>□ |

| | | |
|---|---|---|
| 世話になった<br>お礼を言う | ♠お世話になりまして、ありがとうございます。<br>♥どういたしまして。 | □<br>□ |

- ♥ Oh, my goodness! You shouldn't have done that, but thank you very much.
- ♠ I'm glad you like it.
  Oh, my goodness! =「えっ、おやっ、まあ」という驚きの声。

- ♠ I'd appreciate that very much.
- ♥ Please think nothing of it.
  appreciate は丁寧にお礼を言うときに使います。

**重要**

- ♠ It was a big help to have your car.
- ♥ Anytime.

- ♠ Thank you for taking the time to come and advise me on that problem.
- ♥ I'm happy to have done it.

- ♥ Feel free to give me a call, if you have a question.
- ♠ That's nice of you.
  feel free to ～=（しばしば命令形で）「自由に～してよい」

- ♥ Another drink?
- ♠ Great, thanks.

- ♠ Thank you for your trouble.
- ♥ That's all right.

# UNIT 20 褒める

| | | |
|---|---|---|
| **心から相手を褒めたたえる** | ♠よくやったね。でかした。でかした。<br>♥どうも。 | ☐<br>☐ |
| **昇進を祝う** | ♠何だと思う。昇進したんだ。<br>♥すごい！　おめでとう！ | ☐<br>☐ |
| **頭がいいと褒める** | ♠ぼくの考え、どう思う？<br>♥君、頭いいねえ。 | ☐<br>☐ |
| **努力したことに感心する** | ♥タバコをやめましたよ。<br>♠いいことですよ。 | ☐<br>☐ |
| **料理の味を褒める** | ♥お味はいかが？<br>♠おいしいねえ。 | ☐<br>☐ |
| **相手をたたえる** | ♥過去最高の月間売り上げだったよ。<br>♠やったね！ | ☐<br>☐ |
| **驚嘆する** | ♠彼はニューヨークマラソンで自己ベストを更新したよ。<br>♥すごい！ | ☐<br>☐ |
| **感銘した** | ♥あなたの言葉に感銘を受けました。<br>♠ありがとう。 | ☐<br>☐ |

| STEP 1 | STEP 2 | STEP 3 | STEP 1 | STEP 2 | STEP 3 |
|---|---|---|---|---|---|
| / | / | / | / | / | / |

CD-20

♠ You've done a wonderful job.  Well done!  Well done!
♥ Thanks.
well done! =「よくやった」とねぎらうときの決まり文句。

♠ Guess what!  I just got promoted.
♥ Hey, that's great!  Congratulations!

♠ What do you think about my idea?
♥ You must be a brain.
What do you think 〜 ? =「あなたは〜をどう思いますか？」と相手の意見を聞く言い方。

♥ I quit smoking.
♠ Good for you.
quit =「(仕事・習慣などを)やめる」

♥ How's the taste?
♠ Delicious.
How's the taste? は、料理の味を相手に聞くときの決まり文句。

♥ We had the best sales record for the month.
♠ You've done it!

♠ He broke his own record in the New York City Marathon.
♥ Fantastic!  ❗重要
一語でさまざまな「素晴らしい！」の表現があります。カジュアルな Super! / Cool! / Awesome! から、ちょっと気取った Excellent! / Splendid! / Wonderful! / Brilliant! なども使ってみましょう。

♥ What you have told me is very impressive.
♠ Thank you.

# UNIT 21 詫びる

| | |
|---|---|
| コーヒーをこぼして詫びる | ♠あっ、申し訳ない。コーヒーを絨毯にこぼしちゃった。 □<br>♥気にしないで。 □<br>♠クリーニング代を払わせてください。 □<br>♥いいえ、どうぞ気にしないでください。 □ |
| 来客を待たせ続け詫びる | ♠もう30分もカーペンターさんを待っているんですが。 □<br>♥すみませんが、まだ会議中なのです。 □<br>♠あとどのくらい、会議は続くのですか？ □<br>♥もうすぐ終わると思います。 □ |
| 意向にそえず詫びる | ♥悪いけど、今夜ナンシーのパーティーに行けないんだ。 □<br>♠残念だなあ。彼女、がっかりするだろうよ。 □ |
| 約束に遅れ詫びる | ♥遅れてしまってすみません。 □<br>♠大丈夫です。私も今来たばかりです。 □ |
| ぶつかって詫びる | ♥あっ、申し訳ない。大丈夫ですか？ □<br>♠大丈夫。気にしないで。 □ |
| 時間が取れないことを詫びる | ♠君に個人的に話があるんだけど。 □<br>♥悪いけど、今は身動きがとれないんだ。 □ |

| STEP 1 | STEP 2 | STEP 3 | STEP 1 | STEP 2 | STEP 3 |
|---|---|---|---|---|---|
| / | / | / | / | / | / |

CD-21

♠ Oh, excuse me.  I just spilled my coffee on your carpet.
♥ Don't worry about it.
♠ I want to pay for the cleaning.
♥ No, it's no big deal.
<small>It's no big deal. は「たいしたことじゃない」と無関心を表す口語表現。It doesn't matter. も同意。</small>

♠ I've been waiting to see Mr. Carpenter for thirty minutes.
♥ I'm sorry, but he's still in a meeting.
♠ Well, how much longer do you think he will be?
♥ Oh, he should be finished soon.

♥ Sorry, but I can't come to Nancy's party tonight.
♠ That's too bad.  She'll be disappointed.
<small>「そちらへ行きましょう」というときは、相手の立場に立って go ではなく come を使います。</small>

♥ I'm sorry I'm late.
♠ No problem.  I just got here, too.
<small>No problem. =「気にしないで」。相手の「謝罪」「依頼」「申し入れ」に対して使います。</small>

♥ Oh, I'm very sorry, sir.  Are you all right?
♠ I'm all right.  Don't worry.

♠ I need to speak to you privately now.
♥ Sorry.  I'm tied up right now.
<small>tie up =「(時間的に)拘束する」</small>

*When shall we meet next time?*

▶▶▶ **Section II**

# 行動編

行動編では、人づきあいを円滑にし、正しい判断と気配りを通じて人間関係をスムーズに発展させていくためのkey表現をまとめています。あらゆることに対して積極的に行動できるようになることを目指しています。

*How about the beginning of next month?*

# UNIT 1 近況を尋ねる

| | | |
|---|---|---|
| **元気かと尋ねる** | ♥トムは元気ですか？ <br> ♠元気ですよ。 | ☐ <br> ☐ |
| **近況を尋ねる** | ♠彼、最近何してる？ <br> ♥スポーツ用品店を経営していますよ。 | ☐ <br> ☐ |
| **今いる場所を尋ねる** | ♥彼、まだニューヨークにいるの？ <br> ♠ええ、いますよ。 | ☐ <br> ☐ |
| **戻る日を尋ねる** | ♠ジュディはいつ戻ってくるの？ <br> ♥来月の始め。 | ☐ <br> ☐ |
| **居所を尋ねる** | ♥彼の居所わかる？ <br> ♠かれこれもう2年も便りがないんだよ。 | ☐ <br> ☐ |
| **今の職業を尋ねる** | ♠今、彼、どんな仕事をしているのかなあ？ <br> ♥聞かないね。 | ☐ <br> ☐ |
| **電話での様子を尋ねる** | ♠電話したとき、彼、どんな様子だった？ <br> ♥とても沈んでいたね。 | ☐ <br> ☐ |
| **もう慣れたか尋ねる** | ♥東京のこと、彼まだ恋しがっているかな。 <br> ♠ああ、そうだろうね。 | ☐ <br> ☐ |

♥ How's Tom?
♠ He's fine.

♠ What's he doing lately?
♥ He's running a sporting goods store.

♥ Is he still living in New York?
♠ Yes, he is.

♠ When will Judy be back?
♥ Early next month.

♥ Do you know his whereabouts?
♠ I haven't heard from him these past couple of years.
　whereabouts =「所在」「ありか」

♠ What does he do now?　　　　　　　　　　❗重要
♥ Never heard of him.
　What do you do? =「あなたのお仕事は何ですか？」。日常よく使われる表現で、What is your job? よりも婉曲な表現になります。

♠ How was he on the phone?
♥ He's been so depressed.
　on the phone =「電話で」

♥ I wonder if he still misses Tokyo.
♠ Yeah, I think he does.
　miss 〜は「〜がいないので寂しい」「〜がいなくて困る」という意味で使います。

# UNIT 2 気づかい・気配り

| | | |
|---|---|---|
| **クヨクヨしている相手を励ます** | 💙クビになるんじゃないかと心配なんだ。 | ☐ |
| | ♠気にするなよ。大丈夫だよ。 | ☐ |

| | | |
|---|---|---|
| **あなたならできると励ます** | ♠そのプロジェクトはあまりにも大きいので、お引き受けできません。 | ☐ |
| | 💙あなたならできますよ。 | ☐ |
| **元気出せと励ます** | 💙上司がまだ怒っているよ。 | ☐ |
| | ♠もうすんだことだ。元気出せ。 | ☐ |

| | | |
|---|---|---|
| **不満がないか気づかう** | ♠何か不満がありますか。 | ☐ |
| | 💙いいえ、今はみんな満足しています。 | ☐ |
| **楽しんでいるか気にかける** | 💙楽しんでいますか? | ☐ |
| | ♠はい。 | ☐ |
| **滅入っている人に声をかける** | ♠いったいどうしたんだ? | ☐ |
| | 💙最近、何もかもなんとなく変なんだ。 | ☐ |
| **体調を尋ねる** | 💙お母さんの具合は? | ☐ |
| | ♠手術後、順調に回復しています。 | ☐ |

| STEP 1 | STEP 2 | STEP 3 | STEP 1 | STEP 2 | STEP 3 |
|--------|--------|--------|--------|--------|--------|
| /      | /      | /      | /      | /      | /      |

CD-23

♥ I'm wondering if I'll get fired.
♠ Don't worry.  You're alright.
   fire には「首にする」「解雇する」の意味があります。


♠ This project is too big for me to manage.
♥ You can do it.


♥ My boss is still mad at me.
♠ It's in the past.  Cheer up! ❗重要
   ・「元気出して」と励ます表現は、他に Come on! / Lighten up! / Chin up! / Smile! / Hang in there! などがあります。
   ・It's in the past. =「それは過去のことだ」(=過去のことは忘れろ)


♠ Are there any complaints?
♥ No, everyone seemed to be satisfied now.


♥ Are you having a good time?
♠ Yes, I am.
   「楽しんでいる？」と聞くときの決まり文句です。

♠ What's happening with you?
♥ Well, my life is a little weird these days.
   life は家庭や仕事などを含んだ生活全般を指します。

♥ How is your mother?
♠ She is making good progress after the operation.
   progress =「進歩」「発達」

# UNIT 3 電話のやりとり

| | |
|---|---|
| **在宅かどうか聞く** | ♠もしもし、テッドですけど。ピーターをお願いします。□<br>♥ちょっと待ってください。いるかどうかみてきますから。□ |
| **間違い電話だと伝える** | ♥もしもし。ティムをお願いします。□<br>♠番号を間違っていますよ。□<br>♥あ、すみません。□ |
| **後で折り返すと伝える** | ♥折り返し電話させましょうか？□<br>♠結構です。後ほどお電話します。□ |
| **かかってきた電話に本人だと答える** | ♥ジョンソンさんをお願いします。□<br>♠私ですけど。□ |
| **伝言を頼む** | ♠もしもし。レイノルドさんお願いします。□<br>♥申し訳ございません、ただ今外出しております。□<br>　ご伝言を承っておきましょうか？<br>♠私から電話があったとお伝えください。□ |
| **内線につないでもらう** | ♠内線5578番をお願いします。□<br>♥お待ちください。□ |

| STEP 1 | STEP 2 | STEP 3 | STEP 1 | STEP 2 | STEP 3 |
|---|---|---|---|---|---|
| / | / | / | / | / | / |

CD-24

♠ Hello, this is Ted. Can I speak to Peter?　❗重要
♥ Just a minute, please. I'll see if he's in.

・「～さん、お願いします」は、カジュアルな Can I speak to ～ ? / ～ , please. から、丁寧な Could I speak to ～ ? / May I speak to ～ ? まで、状況に合わせて使い分けましょう。
・Just a minute. =「ちょっと待って」。他に Wait a minute. / Hold on a minute. / Just a second. / Wait a second. などもあります。
・I'll see if ～の see は「見る」ではなく「確かめる」の意味。

♥ Hello. Can I speak to Tim, please?
♠ I'm afraid you have the wrong number.
♥ Oh, I'm sorry.

I'm afraid you have the wrong number. は間違い電話がかかってきたときの決まり文句。

♥ Shall I get him to call you back?
♠ That's OK. I'll call back later.

・get…to ～ =「「…に～させる〔～してもらう〕」
・call back は、もらった電話に対して相手に後から「(折り返し)電話する」の意味。

♥ May I speak to Mr. Johnson?
♠ This is he.

This is he. は電話で「私ですが」と答える決まり文句。女性のときは This is she. です。

♠ Hello. I'd like to speak to Mr. Reynolds.
♥ I'm sorry, he is not in right now. Would you like to leave a message?
♠ Just tell him that I called, please.

・I'd (I would) like to ～ . =「～したい」。I want to ～ . の丁寧な言い方になります。
・leave a message =「伝言を頼む」

♠ Extension 5578, please.
♥ One moment, please.

One moment, please. =「ちょっと待ってください」

# U N I T 4 目的地に行く

| | | |
|---|---|---|
| **場所を尋ねる** | ♠すみません。バーガークイーンはどこにあります か？ | ☐ |
| | ♥37番通りと38番通りの間のブロードウェイ通りにあります。 | ☐ |
| **道を尋ねる** | ♥教会はどう行けばいいのですか？ | ☐ |
| | ♠はい。3番通りをメイプル通りまで行って右に曲がってください。 | ☐ |
| **場所を知っているか尋ねる** | ♥すみません、アンバサダーグリルはどこかご存じでしょうか？ | ☐ |
| | ♠はい。この道をまっすぐ2ブロック先、パイン通りと1番通りの角にあります。 | ☐ |
| **トイレを尋ねる** | ♠男性用トイレはどこでしょうか？ | ☐ |
| | ♥その通路の突き当たりにあります。 | ☐ |
| **薬局を探している** | ♥道に迷ったようですね。どちらに行かれたいのですか？ | ☐ |
| | ♠ありがとう。薬局を探しているのです。 | ☐ |
| **近くにいい店があるか尋ねる** | ♠どこか近くにいいシーフードレストランはありませんか？ | ☐ |
| | ♥そうですね。オーシャン通りにフィッシャーマンズがありますよ。 | ☐ |

| STEP 1 | STEP 2 | STEP 3 | STEP 1 | STEP 2 | STEP 3 |
|---|---|---|---|---|---|
| / | / | / | / | / | / |

CD-25

♠ Excuse me. Where's the Burger Queen?
♥ It's on Broadway between 37th and 38th Street.


♥ Can you tell me the way to the church?
♠ Sure. Go down Third Avenue to Maple Street, and turn right.
・tell the way は「道を教える」というときに使います。
・Sure. =「もちろん」と強い同意を表します。同じ意で Surely / Certainly / Of course / Absolutely などがあります。

♥ Excuse me, do you know where the Ambassador Grill is?
♠ Sure. Go straight two blocks. It's on the corner of Pine and First Street.
上記と同じく、Sure. =「もちろん」。強い同意を表します。


♠ Would you tell me where the men's room is?
♥ It's at the end of the hall.

♥ You look lost. Can I help you find something?
♠ Yes, thanks. I'm looking for a drugstore.
・lost =「道に迷った」
・look for 〜=「〜を探す」

♠ Is there a good seafood restaurant close by?
♥ Yes, Fisherman's is on Ocean Avenue.
close by =「すぐそばに」

# UNIT 5 約束 Part1

**時間を決める**
- ♥何時にする？ □
- ♠君が決めてくれよ。 □
- ♥3時半はどう？ □
- ♠いいよ。 □

**時間の変更**
- ♠10時にしようよ。 □
- ♥いいよ。 □
- ♠あ、ちょっと待って。10時30分のほうがいい □
  と思うな。

**待ち合わせの場所と時間を決める**
- ♠何時にどこで会おうか。 □
- ♥イーストパークで5時にしよう。 □

**打ち合わせ時間と場所を決める**
- ♥打ち合わせの時間と場所を決めましょう。 □
- ♠明日の午後、私のオフィスではどうでしょう？ □
- ♥いいですよ。 □

**次に会う日を決める**
- ♠この次はいつお会いできますか？ □
- ♥来月の始め頃はいかがですか？ □

| STEP 1 | STEP 2 | STEP 3 | STEP 1 | STEP 2 | STEP 3 |
|--------|--------|--------|--------|--------|--------|
| /      | /      | /      | /      | /      | /      |

CD-26

♥ What time?
♠ Anytime is fine.
♥ How about three-thirty?  ❗重要
♠ Okay.

How about ～ ? は「～はどう？」と勧誘や提案に使えるとても便利なフレーズです。

♠ We better make it ten.
♥ Fine.
♠ Oh, wait. Ten-thirty would be better.

・had better ～は動詞の原形の前につけて「～するほうがよい」という意味になります。会話では 'd better または単に better となることが多いです。
・make it =「(日時などを)決める、都合をつける」

♠ Just tell me when and where.
♥ Let's meet around five in East Park.

♥ Let's fix the time and place of our meeting.
♠ What about tomorrow afternoon in my office?  ❗重要
♥ Okay with me.

・What about ～ ? =「～はどう？」。How about ～ ? と同意です。
・fix はここでは「(日時を)定める」の意味。
・Okay with me. は「いいですよ」と相手の意向に同意する表現。

♠ When shall we meet next time?
♥ How about the beginning of next month?  ❗重要

上記と同じく、How about ～ ? =「～はどう？」と勧誘や提案に使う表現です。

# UNIT 6 約束 Part2

**迎えを約束する**
- ♥迎えに来てくれる？ □
- ♠いいよ、何時に行こうか？ □
- ♥急がなくていいよ、あなたに合わせる。 □

**電話をくれるよう約束する**
- ♠来週ニューヨークにいるからこの番号に電話してよ。 □
- ♥了解。 □

**会議で会うことを約束する**
- ♥会議はいつでしたかねえ？ □
- ♠今日の3時ですよ。 □
- ♥わかりました。ではそのときまた会いましょう。 □

**訪問の約束をする**
- ♠家内と一緒にお宅へ寄りたいんですけど、ご迷惑でしょうか？ □
- ♥いいえ。ぜひどうぞ。 □
- ♠7時30分頃では？ □
- ♥はい、お待ちしています。 □

**アポをとって訪ねる**
- ♠おはようございます。営業部長さんにお会いしたいのですが。 □
- ♥お約束はされていますか？ □
- ♠はい、10時30分に。 □
- ♥お名前を頂戴できますか？ □

| STEP 1 | STEP 2 | STEP 3 | STEP 1 | STEP 2 | STEP 3 |
|---|---|---|---|---|---|
| / | / | / | / | / | / |

CD-27

♥ Would you come and pick me up?
♠ Sure, what time?
♥ No rush, when you have the time.
- pick ～ up =「～を車で迎えに行く」
- No rush. =「急ぐ必要はない」。There is no rush. の省略形です。

♠ I'll be in New York next week. Call me at this number.
♥ Okay.

♥ Don't we have a meeting on that sometime?
♠ Yes, today at three.
♥ Good, see you then.

♠ Do you mind if my wife and I stop by your place? !重要
♥ No. By all means.
♠ Say about seven-thirty?
♥ Fine, we'll be waiting.
- Do you mind は迷惑でないか相手の気持ちを探る表現。直訳すると「～するのは嫌ではないですか？」となり、返答は No を使って「いいえ、嫌ではないです。どうぞ」という意味になるので、ついつい Yes と答えないように気をつけましょう。
- stop by =「ちょっと立ち寄る」。come by / drop by も同意。
- Say は「ねえ、おい、ちょっと」のような呼びかけの言葉。

♠ Good morning. I would like to see the sales manager. !重要
♥ Do you have an appointment?
♠ Yes, at 10:30.
♥ May I have your name?
- I would like to see の see は「会う」「面会する」「訪ねる」。・appointment =「約束」「予約」

# UNIT 7 予約

| | | |
|---|---|---|
| **予約の変更** | ♥ご用件は？ | □ |
| | ♠4月7日の予約を10日に変更したいのですが。 | □ |

| | | |
|---|---|---|
| **レストランの予約1** | ♥明日8時に2人予約したいんですけど。 | □ |
| | ♠お名前をお聞かせください。 | □ |

| | | |
|---|---|---|
| **レストランの予約2** | ♠今晩の予約お願いしたいんですが。 | □ |
| | ♥何時でしょう？ | □ |
| | ♠7時です。 | □ |
| | ♥何名様ですか？ | □ |
| | ♠5人ですけど。 | □ |

| | | |
|---|---|---|
| **まだ予約できない** | ♥水曜日の昼公演のチケットを2枚下さい。 | □ |
| | ♠すみません、販売は10時からお受けしております。 | □ |

| | | |
|---|---|---|
| **予約してあるかどうか尋ねる** | ♠予約はされているんですね？ | □ |
| | ♥はい、11時30分に。 | □ |

| STEP 1 | STEP 2 | STEP 3 | STEP 1 | STEP 2 | STEP 3 |
|---|---|---|---|---|---|
| / | / | / | / | / | / |

CD-28

♥ How may I help you?
♠ I need to change my reservation from April 7th to 10th.

♥ I want to reserve a table for two at 8:00 p.m. tomorrow. !重要
♠ May I have the name, please?
要望や希望を述べるのは、I want（直接的な表現）の他にも I would like / I'd like（丁寧な表現）、I hope（実現可能なことへの願望）、I wish（実現不可能なことへの願望）があります。

♠ I'd like to make a reservation for tonight.
♥ What time, sir?
♠ Seven.
♥ For how many?
♠ There are five of us.
I'd (I would) like to 〜 . =「〜したい」。I want to 〜 . の丁寧な言い方になります。

♥ I want two tickets for the matinee on Wednesday.
♠ Sorry, but sales begins at 10 o'clock.
・I want 〜 は命令のニュアンスがあり、I'd like (I would like) 〜 の方がより丁寧な要望の表現になります。
・matinee はコンサートや演劇の昼公演のこと。

♠ Do you have an appointment?
♥ Yes, at 11:30.
appointment =「約束」「取り決め」「予約」

# UNIT 8 目的

| | | |
|---|---|---|
| **理由を尋ねる** | ♥なぜ、そんなことをしたの？ | ☐ |
| | ♠君の助けになりたかったからだよ。 | ☐ |

| | | |
|---|---|---|
| **希望を尋ねる** | ♠ぼくに何かしてほしいの？ | ☐ |
| | ♥ダウンタウンまで乗せてってくれない？ | ☐ |

| | | |
|---|---|---|
| **来訪の目的** | ♥どうして来たの？ | ☐ |
| | ♠別れを言いに寄ったんだ。 | ☐ |
| | ♥日本へ帰るの？ | ☐ |
| | ♠そう。明日帰るよ。 | ☐ |

| | | |
|---|---|---|
| **戻ってきた目的** | ♥なぜ戻ってきたの？ | ☐ |
| | ♠大切なこと、君に言い忘れたから。 | ☐ |

| | | |
|---|---|---|
| **用件を尋ねる** | ♠何か用？ | ☐ |
| | ♥ジェーンに会いたいの。 | ☐ |

| | | |
|---|---|---|
| **渡航目的** | ♠ロスに来られた目的は？ | ☐ |
| | ♥英語の勉強です。 | ☐ |

| | | |
|---|---|---|
| **今年の目標** | ♥今年の目標は？ | ☐ |
| | ♠新車を毎週3台は売りたいです。 | ☐ |

| STEP 1 | STEP 2 | STEP 3 | STEP 1 | STEP 2 | STEP 3 |
|---|---|---|---|---|---|
| / | / | / | / | / | / |

CD-29

♥ Why did you do that?

♠ I wanted to help you. ❗重要

要望や希望を述べるのは、I want（直接的な表現）の他にも I would like / I'd like（丁寧な表現）、I hope（実現可能なことへの願望）、I wish（実現不可能なことへの願望）があります。

♠ What do you want me to do?

♥ Can you give me a ride downtown?

give 〜 a ride ＝「〜を乗せる」

♥ What brought you here? ❗重要

♠ I just stopped in to say good-bye.

♥ Going back to Japan?

♠ Yeah. I have a flight tomorrow.

What brought you here? は、無生物を主語にする英語らしい表現です。久しぶりにひょっこり訪ねてきた人や、場違いな所で人に逢ったときに使えます。

♥ What have you come back here for?

♠ I forgot to tell you something important.

♠ Why are you here?

♥ I came to see Jane.

♠ Why did you come to LA?

♥ To study English.

♥ What is your goal this year?

♠ I want to sell three new cars each week. ❗重要

前出のように、要望や希望を述べる表現は I want（直接的な表現）の他にもいろいろあります。

81

# UNIT 9 経験・体験

**ハワイ旅行の経験**
♠ハワイへ行かれたことはありますか？
♥いいえ、ありません。

**旅行回数**
♥ロサンゼルスへは何回行かれましたか？
♠二度行きました。

**海外旅行経験**
♠今までにどの国へ行かれましたか？
♥この国が最初なのです。

**過ごし方**
♠ここに来られてからどのようにお過ごしですか？
♥町を観てまわっています。

**趣味の様子**
♥最近はサーフィンやっていますか？
♠いや、やっていません。

**自分の経歴**
♥料理がお上手なのにはびっくりしましたよ。
♠イタリアンレストランでコックを10年やっていました。

| STEP 1 | STEP 2 | STEP 3 | STEP 1 | STEP 2 | STEP 3 |
|---|---|---|---|---|---|
| / | / | / | / | / | / |

CD-30

♠ Have you been to Hawaii? **!重要**

♥ Never been there.
「～へ行ったことがある」は have been to ～。have gone to ～ は「～へ行ってしまった（今はここにいない）」という意味。注意して使い分けましょう。

♥ How many times have you been to LA? **!重要**

♠ I've been there twice.
・How many times は、相手に回数を尋ねる表現。
・上記と同じく、have been to ～ =「～へ行ったことがある」。

♠ What foreign countries have you been to? **!重要**

♥ This is the first and only one.
上記と同じく、have been to ～ =「～へ行ったことがある」。

♠ What have you been doing since you came here?

♥ I've been seeing the sights of the city.
What have you been doing since ～？は「～以来どうされていますか？」と尋ねる、現在完了進行形の継続の型です。

♥ Have you done any surfing lately?

♠ No, not lately.

♥ I'm amazed that you are such an excellent cook.

♠ I have 10 years of experience cooking at an Italian restaurant.

# UNIT 10 意見・感想

| | | |
|---|---|---|
| **無理だろうと告げる** | ♠会議に間に合うでしょうか？<br>♥無理のようね。 | ☐<br>☐ |
| **延期してはどうか** | ♥来週まで延ばすのはどう？<br>♠それはいいね。 | ☐<br>☐ |
| **コメントを求める** | ♠この問題についてあなたのコメントを伺いたいんだけど？<br>♥特にないけど、この計画には賛成です。 | ☐<br>☐ |
| **映画がつまらなかった** | ♥映画いかがでしたか？<br>♠つまらなかったですよ。 | ☐<br>☐ |
| **旅行が楽しかった** | ♠東京はいかがでしたか？<br>♥とても楽しい経験をしましたよ。 | ☐<br>☐ |
| **住み心地がよい** | ♥サンフランシスコでの生活はいかがですか？<br>♠素敵な町で気に入っています。 | ☐<br>☐ |
| **今年の流行はどうか** | ♠今年の流行、去年と随分違うと思う？<br>♥ええ、随分違いますよ。 | ☐<br>☐ |

| STEP 1 | STEP 2 | STEP 3 | STEP 1 | STEP 2 | STEP 3 |
|---|---|---|---|---|---|
| / | / | / | / | / | / |

CD-31

♠ Will we be in time for the meeting?

♥ I'm afraid not.
・be in time =「〜に間に合って」
・I'm afraid は I think に近い意味ですが、話の内容が自分または相手に良くないときに用います。

♥ Why not put it off until next week?   ❗重要

♠ What a good idea!
・Why not 〜? =「〜したらどうですか？」「〜しましょう」。Why don't you 〜? や Why don't we 〜? も同じく提案を表します。
・put 〜 off =「〜を延期する」

♠ Can I hear your comments about this matter?

♥ I have nothing special to say, but I'm for the plan.
for =「賛成」

♥ How was the movie?

♠ Really boring.
boring =「退屈な」「うんざりさせられる」という形容詞。

♠ How did you like Tokyo?

♥ I had a very pleasant experience there.
どの程度気に入っているか・嫌いかを尋ねるときは How do (did) you like 〜? を使います。

♥ How do you like living in San Francisco?

♠ It's a lovely city. I like it here.
上記と同じく、程度を聞くときの How do (did) you like 〜? です。

♠ Do you think this year's fashions differ greatly from last year's?

♥ Yes, a lot.

# UNIT 11 説明を求める

| | | |
|---|---|---|
| 詳しい説明を求める | 💙 もう一度、詳しく説明していただけますか？<br>♠ 喜んで。 | ☐<br>☐ |
| はっきりした説明を求める | 💙 あなたの異論をはっきりと説明してください。<br>♠ 今はできません。 | ☐<br>☐ |
| 試合経過を説明してほしい | ♠ 今日の試合の経過を説明してくれる？<br>💙 喜んで。 | ☐<br>☐ |
| 状況を説明してほしい | 💙 状況を説明してくれますか？<br>♠ もちろんです。 | ☐<br>☐ |
| 解雇理由の説明を求める | ♠ ビル・マーシィが解雇されたのはどういうことなんだろう？<br>💙 すみませんが、その件については全く見当つきません。 | ☐<br>☐ |
| 会う用件を説明してほしい | ♠ 私に会いたい用件とは何ですか？<br>💙 私たちの計画に対して、お互い再考の必要があると思っているんです。 | ☐<br>☐ |
| 何の用件か説明してほしい | 💙 何の用件ですか？<br>♠ 別の時にお話しします。今は都合が悪いので。 | ☐<br>☐ |

| STEP 1 | STEP 2 | STEP 3 | STEP 1 | STEP 2 | STEP 3 |
|--------|--------|--------|--------|--------|--------|
| /      | /      | /      | /      | /      | /      |

CD-32

♥ Would you explain it in detail?
♠ I'll be glad to.
   in detail ＝詳細に

♥ Tell me what your objections are, please. （!）重要
♠ I can't tell you now.
   命令文は、口調や、文末に please を加えれば、「〜してください」と指示やお願いの意味に使えます。

♠ Will you give me the rundown on today's game?
♥ Sure, I'm happy to.
   Will you 〜？はカジュアルな仲間うちでの依頼を表す表現。勧誘は Won't you 〜？を使います。

♥ Do you feel like telling me what the circumstances were?
♠ Why not?
   ・feel like …ing ＝「…したいような気がする」
   ・Why not? ＝「もちろんいい」「どうぞ」と申し入れを受諾する表現。

♠ What's the reason for firing Bill Macy?
♥ I'm sorry, I don't know anything about it.
   fire には「首にする」「解雇する」の意味があります。

♠ Well, what is it you wanted to see me about?
♥ I think we really need to reconsider our plan.

♥ What did you have to see me about?
♠ I'll see you another time. I don't want to talk about it now.

# UNIT 12 結果

**うまくいった**
- ♠結局どうなりましたか？
- ♥すべてうまくいきましたよ。

**いつ結果が
わかるか**
- ♥その結果、いつ頃わかるでしょうか？
- ♠わかりませんねえ。ただ待つしかないですよ。

**事態の推移**
- ♠いつその情報を知りましたか？
- ♥昨日です。

**試合結果**
- ♠ドジャースは昨日どうなりましたか？
- ♥5対3でジャイアンツに勝ちましたよ。

**会議の結果**
- ♥会議はどうなったのですか？
- ♠話しませんでしたっけ？　来週まで延期になりました。

**映画の感想**
- ♠映画は面白かったですか？
- ♥ええ、すごくよかったですよ。

**車での所要時間**
- ♥ここまで車だとどのくらいかかりましたか？
- ♠3時間ほどでしたよ。

| STEP 1 | STEP 2 | STEP 3 | STEP 1 | STEP 2 | STEP 3 |
|---|---|---|---|---|---|
| / | / | / | / | / | / |

CD-33

♠ How did it come out?
♥ We worked it out all right.
   come out は「結果が〜となる」という意味で、特に写真の撮れ具合を尋ねる決まり文句でもあります。

♥ How soon do we know the result?
♠ I don't know. We just have to wait and see.
   wait and see =「成り行きを見守る」「静観する」

♠ When did you get that information?
♥ Yesterday.

♠ How did the Dodgers do yesterday?
♥ They beat the Giants 5 to 3.

♥ What happened to the meeting?
♠ Didn't I tell you? It was postponed till next week.

♠ Did you enjoy the movie?
♥ Of course. It was terrific.
   terrific =「素晴らしい」「非常によい」

♥ How long did the drive up here take?
♠ About three hours.
   How long は「所要時間」「期間」や「物の長さ」を尋ねるときに使います。

89

# UNIT 13 判断する

**国籍を判断する**
- ♥彼、日本人に違いない。 □
- ♠なまりから判断すると中国人でしょう。 □

**覆水盆に返らず**
- ♠判断を間違いました。 □
- ♥もう遅いですよ。 □

**職業を当てる**
- ♠ファッション関係のお仕事をされているのですか? □
- ♥まあね。あなたは? □

**確実と判断する**
- ♥確かなんでしょうね? □
- ♠確実です。 □

**すぐに判断できない**
- ♥あの仕事のオファーは受けるの? □
- ♠そんなに早くは決められないな。しばらく考えてみるよ。 □

**違法駐車になるか判断する**
- ♥ここに駐車してもいいかな。 □
- ♠いや、やめておくほうがいいよ。 □

**いい判断だと言う**
- ♠禁煙することにしました。 □
- ♥なかなかいい決断をしましたね。 □

| STEP 1 | STEP 2 | STEP 3 | STEP 1 | STEP 2 | STEP 3 |
|---|---|---|---|---|---|
| / | / | / | / | / | / |

CD-34

♥ He must be Japanese.
♠ I think he is Chinese from his accent.
must be ～ は確信のある推量で「～に違いない」「きっと～のはずだ」という言い方。

♠ I made a wrong decision.
♥ It's too late to say that.
make a decision =「決定する」

♠ Are you in the fashion business?
♥ Sort of. And you?

♥ Are you sure of that?
♠ I'm positive.
I'm positive. は Yes よりも強い同意を表します。

♥ Are you going to take the job offer?
♠ I can't decide that fast. I need time to think about it.
Are you going to ～？は「～するつもりなのか？」と、近い未来の予定・計画・意志などを尋ねる表現。

♥ I wonder if we could park here.
♠ No, we better not.
had better ～は動詞の原形の前につけて「～するほうがよい」という意味になります。会話では 'd better または単に better となることが多いです。

♠ I'm going to quit smoking.
♥ That sounds like a sensible decision.
quit =「(仕事・習慣などを)やめる」

# UNIT 14  確認 Part1

| | |
|---|---|
| **日時を再確認** | ♠明日ね？ □<br>♥うん。 □<br>♠6時だよね？ □<br>♥そう。 □ |
| **場所を再確認** | ♥ニューヘブンで会うことになっているんだよね？ □<br>♠そう。 □<br>♥君は車で行くんだよね？ □<br>♠そうだよ。 □ |
| **現在地を確認** | ♥ところで、今どこにいるの？ □<br>♠ニューヨークの東30マイルの辺りだよ。 □ |
| **土地勘があるはず** | ♠本当にこの辺り、知っているんだよね？ □<br>♥ここは何度も来たことがあるよ。 □ |
| **住所を再確認** | ♥住所もう一度聞かせてよ。メモしたほうがいいな。 □<br>♠ディケタ通りの793番地、アパート番号7Gだよ。メモしたかい？ □<br>♥うん。 □ |
| **これ以上問題ないか確認** | ♠今のところ、もう問題はありませんね？ □<br>♥ええ、もうありません。全体から見て、いい線いっていますよ。 □ |

| STEP 1 | STEP 2 | STEP 3 | STEP 1 | STEP 2 | STEP 3 |
|---|---|---|---|---|---|
| / | / | / | / | / | / |

CD-35

♠ Tomorrow?

♥ Sure.

♠ At six?

♥ Right.

Sure. =「もちろん」と強い同意を表します。同じ意で Surely / Certainly / Of course / Absolutely などがあります。

♥ Are we meeting in New Haven?

♠ Yeah.

♥ You're driving, right?

♠ Right.

♥ Well, where are we?

♠ About thirty miles east of New York.

♠ You really know this place?

♥ I've been here many times.

♥ What was the address again? I'd better write it down.

♠ It's 793 Decatur Avenue, Apartment 7G. Got it?

♥ Got it.

・had better ～は動詞の原形の前につけて「～するほうがよい」という意味になります。会話では 'd better または単に better となることが多いです。
・write down =「書き留める」

♠ No more problems so far?

♥ No, I don't think so. All in order.

in order =「順序よく」「きちんと」

# UNIT 15 確認 Part2

**相手の意向を確認**
- ♠あなたはそれでいいですか？
- ♥いいですよ。

**問題が解決したことを確認**
- ♠これで問題は解決しましたね？
- ♥はい、これで決まりです。

**出欠の確認**
- ♥ちょっと、今晩来られるかどうか知りたいんだけど。
- ♠もちろん、行きますよ。私、会合を欠席したことなどないでしょう？

**既に伝えたか確認**
- ♠日本へ行くこと話しましたっけ？
- ♥いいえ、初めて耳にしましたよ。

**ホテルが予約済か確認**
- ♥ホテルの予約はしてあるのですか？
- ♠はい、新橋第一ホテルを2泊取っています。

**知り合いかどうか確認**
- ♥ピーターを知っているの？
- ♠そう、大学が同じなんだ。

**賃貸契約期間を確認**
- ♥アパートの契約はいつまで？
- ♠あと2か月だよ。

| STEP 1 | STEP 2 | STEP 3 | STEP 1 | STEP 2 | STEP 3 |
|---|---|---|---|---|---|
| / | / | / | / | / | / |

CD-36

♠ How does that sound to you?

♥ OK with me.
OK with me. は「いいですよ」と相手の意向に同意する表現。

♠ Is the matter settled?

♥ We've got a deal.
settle =（問題・悩みなどを）「解決する」

♥ Look, I want to be sure you're coming tonight. （!）重要

♠ Of course I'm coming.  Have I ever missed a meeting?
・要望や希望を述べるのは、I want（直接的な表現）の他にも I would like / I'd like（丁寧な表現）、
I hope（実現可能なことへの願望）、I wish（実現不可能なことへの願望）があります。
・「そちらへ行きましょう」というときは、相手の立場に立って go ではなく come を使います。

♠ I told you I was going to Japan, didn't I? （!）重要

♥ No, that's new to me.
didn't I? は「〜ですよね？」と念を押すときに使う付加疑問文です。

♥ Did you make a reservation for a hotel?

♠ Yes, I booked two nights at the Shinbashi Daiichi Hotel.

♥ Do you know Peter?

♠ Yes, we went to the same college.

♥ How long are you going to keep your apartment?

♠ My lease is up in two months.
・How long は「所要時間」「期間」や「物の長さ」を尋ねるときに使います。are you going to 〜?
は「〜するつもりなのか？」と、近い未来の予定・計画・意志などを尋ねる表現です。
・lease =「賃貸契約」

# UNIT 16 理由・原因

**怒っている理由**
- 💙 なぜ腹を立てているの？ ☐
- ♠ 尋ねてくれてありがとう、でも話したくないんだ。 ☐

**黙っていた理由**
- 💙 なぜ話してくれなかったの？ ☐
- ♠ いつ話そうかと考えていたんですよ。 ☐

**遅れた理由**
- ♠ 時間通りになぜ来られなかったんだ？ ☐
- 💙 交通渋滞に巻き込まれたんだよ。 ☐

**早く来た理由**
- ♠ 早く来られましたね？ ☐
- 💙 朝のラッシュの電車に乗るのが嫌なんですよ。 ☐

**働かない理由**
- 💙 なぜ職につかないの？ ☐
- ♠ ファストフードの店を開こうかと思っているんだ。 ☐

**仕事を辞める理由**
- ♠ 今の仕事、どうして辞めるんだ？ ☐
- 💙 給料が安いんですよ。 ☐

**固持する理由**
- ♠ このことを強く主張される理由をお聞きしたいのですが。 ☐
- 💙 理由はいくつかあります。 ☐
- ♠ では聞かせてください。 ☐

**交通事故の原因**
- 💙 あの自動車事故の原因は何だったの？ ☐
- ♠ ドライバーが酔っていたようだよ。 ☐

| STEP 1 | STEP 2 | STEP 3 | STEP 1 | STEP 2 | STEP 3 |
|---|---|---|---|---|---|
| / | / | / | / | / | / |

CD-37

♥ What are you upset about?
♠ Thanks for asking, but I don't want to talk about it.

♥ Why didn't you tell me?
♠ I was going to. I was waiting for the right time.
ここでの right は「ちょうどよい」という意味。

♠ Why didn't you get here on time?
♥ There was a terrible traffic jam.

♠ How come you're here so early?
♥ Because I hate to get caught in the morning rush hour.
How come ~? =「なぜ／どうして~なのか？」

♥ Why don't you get a job?
♠ I've been thinking about opening a fast-food restaurant.
get a job =「就職する」

♠ Why are you quitting this job?
♥ They don't pay me enough.
quit =「(仕事・習慣などを)やめる」

♠ I want to know why you feel so strongly about this case. ❗重要
♥ I have some personal reasons.
♠ Then, let's hear them.
要望や希望を述べるのは、I want（直接的な表現）の他にも I would like / I'd like（丁寧な表現）、I hope（実現可能なことへの願望）、I wish（実現不可能なことへの願望）があります。

♥ What was the cause of that car accident?
♠ It was drunk driving.

97

# UNIT 17 可能・不可能

| | | |
|---|---|---|
| **話す時間があるか** | 💙ちょっといい？ | ☐ |
| | ♠いいですよ。 | ☐ |

| | | |
|---|---|---|
| **埋め合わせできるか** | ♠どうすれば、埋め合わせできる？ | ☐ |
| | 💙気にしないでいいよ。 | ☐ |

| | | |
|---|---|---|
| **予定を変更できるか** | 💙明日の予定、変更できませんか？ | ☐ |
| | ♠もうだめですねえ。 | ☐ |

| | | |
|---|---|---|
| **連絡がつくか** | ♠彼に連絡つかないようだ。 | ☐ |
| | 💙30分して、またかけてごらん。 | ☐ |

| | | |
|---|---|---|
| **借りていいか** | 💙ペン借りていい？ | ☐ |
| | ♠もちろん、どうぞ。 | ☐ |

| | | |
|---|---|---|
| **予定通り目的地へ着けるか** | ♠5時までにボストンに着けるだろうか？ | ☐ |
| | 💙着けますよ。 | ☐ |

| | | |
|---|---|---|
| **お金を借りられるか** | ♠金が足りないんだけど、少し借してくれない？ | ☐ |
| | 💙いいよ。 | ☐ |

|  STEP 1  |  STEP 2  |  STEP 3  |  STEP 1  |  STEP 2  |  STEP 3  |
|---|---|---|---|---|---|
|  /  |  /  |  /  |  /  |  /  |  /  |

CD-38

💙 Can we talk for a second?

♠ Sure.
Sure. =「もちろん」と強い同意を表します。同じ意で Surely / Certainly / Of course / Absolutely などがあります。

♠ How can I make it up to you?

💙 Never mind, you don't need to.
・make up =「失敗を埋め合わせる、補う」
・never mind =「気にしないで」

💙 Can I change our schedule for tomorrow?

♠ No, it's too late now.

♠ I can't seem to reach him.

💙 Try again in half an hour.

💙 Can I borrow your pen?

♠ Of course, here it is.
borrow =「〜を無料で借りる」。有料で借りる場合は rent を使います。

♠ Can I get to Boston before five?

💙 Certainly, you can.
get to 〜 =「〜に着く」

♠ I'm short of money.  Will you lend me some?

💙 Okay.
お金や時間が足りないと言うときに be short of を使います。

# UNIT 18 不満・満足

**気にする**
- ♥そのこと、気にしなくてもいいじゃないの。
- ♠いや、気になるよ。

**つまらなかった**
- ♠ああ、つまらなかった。
- ♥旅行、ひどかったようね。

**後悔している**
- ♥君に話さなければよかった。
- ♠なぜ話したんだ？

**不満を言う**
- ♠朝食に魚なんて耐えられない。
- ♥だめなの？

**交渉成立**
- ♥交渉はうまくいきましたよ。
- ♠それはスゴイね。

**服が似合っている**
- ♠その服、なんて素敵なんだ。
- ♥この服好き？
- ♠もちろん。とても似合っているよ。

| STEP 1 | STEP 2 | STEP 3 | STEP 1 | STEP 2 | STEP 3 |
|---|---|---|---|---|---|
| / | / | / | / | / | / |

**CD-39**

♥ I don't think you need to worry about that.
♠ I think I do.

♠ I had a terrible time.
♥ It sounds like you had a lousy trip.
lousy =「ひどい」「みじめな」

♥ I wish I hadn't told you.   ⚠重要
♠ Why did you tell me?
I wish は実現不可能なことへの願望を表します。要望や希望を述べる表現として、他に I want（直接的な表現）、I would like / I'd like（丁寧な表現）、I hope（実現可能なことへの願望）があります。

♠ I can't stand the idea of fish for breakfast.
♥ Is that right?
stand =「我慢する」「こらえる」。「立つ」の意味以外にもよく使われる意味なので注意しましょう。

♥ The negotiations were satisfactory.
♠ That's amazing.

♠ What a beautiful dress you have on!
♥ Do you like it?
♠ Definitely.  It's very becoming on you.
Definitely. =「もちろん」「絶対そうだ」と、強い同意を表します。

# UNIT 19 非難

**反論する**
- 💙そんなこと言わなくていいじゃないの。 ☐
- ♠もし真実でなければ言わないよ。 ☐

**余計なお世話**
- ♠ぼくが一人でいるとき何をしようが君には関係ないですよ。 ☐
- 💙よくそんなことが言えるね？ ☐

**とがめる**
- 💙そういう言いがかりは嫌ですねえ。 ☐
- ♠君が嫌だろうが何だろうが気にしないね。 ☐

**的はずれ**
- ♠君は的をはずれているよ。 ☐
- 💙そんなことないよ。 ☐

**冗談が通じない**
- 💙そんな冗談もわからないの？ ☐
- ♠それは冗談とかいうもんじゃないよ。 ☐

**空気が読めないことを責める**
- 💙彼はだらしなくて空気の読めないやつだよ。 ☐
- ♠ぼくもいらいらしているんだ。 ☐
- 💙君、なんとなく彼にそのこと話したんではなかったの。 ☐

**皮肉を言う**
- ♠ぼくの言っていること、わかってないんじゃないの？ ☐
- 💙正確にはわかってないんだ。 ☐

| STEP 1 | STEP 2 | STEP 3 | STEP 1 | STEP 2 | STEP 3 |
|---|---|---|---|---|---|
| / | / | / | / | / | / |

CD-40

💙 You don't have to say that.
♠ I would never say it if it wasn't true.

♠ Look, what I do when I'm alone is my business.
💙 What makes you say that?
my business は「君には関係ない」という決まり文句。

💙 I don't like that accusation.
♠ I don't care whether you like it or not.
care =（通常、否定文・疑問文で）「気にかける」「心配する」

♠ You're missing the point.
💙 I don't think so.

💙 Can't you take a little joke?
♠ It's no joke.

💙 He's such a slob and so inconsiderate.
♠ He drives me crazy, too.
💙 I suppose you've already tried talking to him.
ここでの drive は、車のドライブではなく「追い立てる、駆り立てる」という意味になります。

♠ You don't know what I'm talking about, do you?
💙 Well, not exactly. No.
do you? は「〜ですよね？」と念を押すときに使う付加疑問文です。

# UNIT 20 希望・要望

| | |
|---|---|
| 日帰り旅行をしたい | ♥明日、ボストンへ日帰りで行きたいんだけど。<br>♠いい考えだね。 |
| ついでに買ってきてもらいたい | ♠スーパーまでホットドッグ買いに行くんだけど、何か買ってこようか？<br>♥ドーナツ2個ばかり買ってきてくれる？<br>♠いいよ。 |
| 車のフロントシートに座りたい | ♠後ろの座席でゆっくり寝ていけば？<br>♥いいえ、景色を楽しみたいから前がいいな。 |
| 今、話し合いたい | ♥細かい点の話し合い、今しますか、それとも食後にしますか？<br>♠そうですね、今やってしまいましょうよ。 |
| 知恵を借りたい | ♠ちょっと待って。お知恵を拝借したいんだ。<br>♥一体どうしたの？ |
| 美味しいレストランであるよう願う | ♥ここの料理、車でやって来ただけの価値があればいいんだけど。<br>♠来ただけの値うちあるから。 |
| 長く滞在したい | ♠アメリカにはどのくらい滞在するの？<br>♥3年はいたいんだけど、お金に相談しないとね。 |

|  STEP 1 | STEP 2 | STEP 3 | STEP 1 | STEP 2 | STEP 3 |
| --- | --- | --- | --- | --- | --- |
|  /  |  /  |  /  |  /  |  /  |  /  |

CD-41

♥ Tomorrow I want to go to Boston for the day.  ❗重要
♠ Good idea.
要望や希望を述べるのは、I want（直接的な表現）の他にも I would like / I'd like（丁寧な表現）、
I hope（実現可能なことへの願望）、I wish（実現不可能なことへの願望）があります。

♠ I'm going out to get a hot dog at the grocery. Can I get you anything?
♥ Can you get me a couple of donuts?
♠ Alright.

♠ Would you like to sleep in the back seat?
♥ No, I would prefer to see the sights.
see the sights ＝「景色を見る」「見物する」

♥ Do you want to go into the details now or after lunch?
♠ Well, perhaps we could do it now.
go into the details ＝「細部にわたる」「詳しく述べる」

♠ Just one minute. I need your advice.  ❗重要
♥ What's the problem?
Just one minute. ＝「ちょっと待って」。Wait a minute. / Hold on a minute. / Wait a second. などが同意。

♥ Hope the food is worth the drive.
♠ You won't be disappointed.
disappointed ＝「がっかりした」

♠ How long will you be in the United States?
♥ I plan to stay here for three years, but it depends on my finances.

## UNIT 21 本音

| | | |
|---|---|---|
| 未知の町の感想を聞く | ♠ニューオリンズはどんなところ？ | □ |
| | ♥魅惑的でね。とても気に入っているんだ。 | □ |
| 気持ちを確かめる | ♠君、あきらめたりはしないだろうね？ | □ |
| | ♥何か自分にとって重要なときにはね。 | □ |
| どちらが好きか | ♠東京と香港、比べてどう？ | □ |
| | ♥東京のほうがいいですねえ。 | □ |
| 真意を尋ねる | ♥まだ、ここにいたい？ | □ |
| | ♠うん、君は？ | □ |
| 舞台の感想 | ♥あの新作のミュージカル楽しかった？ | □ |
| | ♠とりわけよくもなかったよ。 | □ |
| 退職理由 | ♥辞めるんですか？　でもなぜ？ | □ |
| | ♠仕事は気に入っているんだけど、入社以来昇進しなくてねえ。ここではぼくには将来がないようなんだよ。 | □ |

♠ What's New Orleans like?
♡ It's fascinating. I really like it there.


♠ You don't give up, do you?
♡ Not when something's important to me.

・「〜ですよね？」と念を押すときに使う付加疑問文です。
・give up =「あきらめる」。物事を断念してやめたり、見放したりすることを表す口語的な表現。一方 abandon は、思い切って完全に放棄することを意味します。


♠ How would you compare Tokyo to Hong Kong?
♡ I like Tokyo more.


♡ Do you still feel like staying here?
♠ Yeah, don't you?


♡ How did you like the new musical?
♠ I have no comments.

どの程度気に入っているか・嫌いかを尋ねるときは How do (did) you like 〜? を使います。


♡ Quitting? But why?
♠ I like my job, but I haven't had a promotion since I started. I don't think there's any future for me here.

quit =「(仕事・習慣などを)やめる」

# UNIT 22 心の動揺

**取り越し苦労**
- ♥取り越し苦労はやめておこうね。
- ♠ええ、そうしましょう。

**耐え難い**
- ♠頭がおかしくなりそう。もう耐えられないよ。
- ♥休暇とったほうがいいですよ。

**驚く**
- ♥私たち、別れたの。
- ♠またどうして?

**後悔する**
- ♠ぼくが悪かったようだ。もっと気を配るべきだったと思うよ。
- ♥いいえ、あなたのせいじゃないよ。誰のせいでもないよ。

**ショックはない**
- ♥ニュース驚かれたでしょう?
- ♠いいえ、全然。初めから信じていませんから。

**仕事が
うまくいかない**
- ♠もう帰りたいですよ。今日はすべてがうまくいきませんでねえ。
- ♥ゆっくり休んで明日から元気出してくださいよ。

**八方ふさがり**
- ♥何でも話していいよ。私が聞くから。
- ♠わからないな。何もかもがやっかいなんだ。

| STEP 1 | STEP 2 | STEP 3 | STEP 1 | STEP 2 | STEP 3 |
|---|---|---|---|---|---|
| / | / | / | / | / | / |

CD-43

♥ Let's not worry about it until it happens.

♠ Yes, you are right.
Let's not ～=「～しないようにしよう」

♠ I'm cracking up. I can't take the strain.

♥ I think you need a vacation.
crack up =「(健康・精神状態が)おかしくなる」

♥ We broke up.

♠ How come?
break up =「(カップルや夫婦などが)別れる」

♠ It probably was my fault. I was careless and indifferent.

♥ Look, it isn't your fault. It's nobody's fault.

♥ I know you're shocked by this news.

♠ No, I'm not shocked. I just don't believe it.

♠ I want to go home. Nothing is going well today. ❗重要

♥ Take a break and start fresh tomorrow.
・要望や希望を述べるのは、I want(直接的な表現)の他にも I would like / I'd like(丁寧な表現)、I hope(実現可能なことへの願望)、I wish(実現不可能なことへの願望)があります。
・go には「(物事が)展開する」の意味があります。

♥ You can talk to me about anything. I'm here for you.

♠ I don't know. Everything's so complicated.
I'm here for you. は直訳すると「私はあなたのためにここにいる」となり、相手を慰めるときに使う表現です。

# UNIT 23 交渉のやりとり

| | | |
|---|---|---|
| もっと時間が欲しい | ♥どれくらい、時間くれる？<br>♠3日ほど。 | ☐<br>☐ |
| 考える時間が欲しい | ♠ちょっと考えさせてください。<br>♥どうぞ、ごゆっくり。 | ☐<br>☐ |
| 返答を延ばしたい | ♠いい話ですけど、ともかく検討させてください。<br>♥わかりました。 | ☐<br>☐ |
| 詳しい説明を要求する | ♥もっと詳しい報告書が欲しいんだけど。<br>♠わかりました。 | ☐<br>☐ |
| 相手に来てもらいたい | ♥こちらのオフィスに来てほしいんだけど。<br>♠大丈夫。1時間以内に行くから。 | ☐<br>☐ |
| 値段をまけてもらいたい | ♠値段のこと、交渉の余地はありますか？<br>♥恐れ入りますが、値段の変更はいたしかねます。 | ☐<br>☐ |
| お互い妥協する | ♠妥協しようよ。<br>♥何のこと？<br>♠ハワイまで出向くから、ロスからハワイへ出て来てよ。<br>♥いいよ。 | ☐<br>☐<br>☐<br>☐ |

♥ How much time do I have?
♠ I'll give you three days.

♠ Give me some time to think this over.
♥ Take all the time you want.

♠ Well, it sounds like a nice offer, but I want to look into it further. 重要
♥ That's quite all right.
・要望や希望を述べるのは、I want（直接的な表現）の他にも I would like / I'd like（丁寧な表現）、I hope（実現可能なことへの願望）、I wish（実現不可能なことへの願望）があります。
・look into =「なおいっそう」「さらに深く」

♥ I want a more detailed report on this.
♠ All right.
I want ～ は命令のニュアンスがあり、I'd like (I would like) ～ の方がより丁寧な要望の表現。

♥ I'd like to have you come to my office.
♠ No problem. I'll be over in an hour.
・I'd (I would) like to ～ . =「～したい」。I want to ～ . の丁寧な言い方。・over =「そちらへ」

♠ Is the price negotiable?
♥ Sorry, but we can't change the price.

♠ Why don't we compromise?
♥ On what?
♠ I will fly to Hawaii if you will fly from LA.
♥ Fine.
fly =「( 飛行機で ) 飛ぶ」

# UNIT 24 反論

| | | |
|---|---|---|
| **思いとどまらせる** | ♥私の要求を聞いていただけないのですね？ | □ |
| | ♠結論を急ぐなよ。給料上げてやるから落ち着け。 | □ |
| **不可解だ** | ♠君、今すぐやらなきゃ。 | □ |
| | ♥私が……どうして？ | □ |
| **同意できない** | ♠おい、その話はやめておこう。 | □ |
| | ♥どうして？ | □ |
| **納得させる** | ♥たいした問題ではないじゃない？ | □ |
| | ♠ただ興味があったので。 | □ |
| **否定的な意見を言う** | ♥アンドリュー旅行社に電話してみるよ。 | □ |
| | ♠今になってアンドリューに電話かけてもむだだよ。 | □ |
| **皮肉を返す** | ♠ぼくを首にはできない。自分から辞めるんだから。 | □ |
| | ♥君は辞めるんじゃない。首なんだよ。 | □ |
| **考えに反対する** | ♥その考え、どう思っているの？ | □ |
| | ♠ぼくは、反対だ。 | □ |

♥ You're going to turn down my request, aren't you?

♠ Don't jump to conclusions. I'll give you a pay raise, so calm down.
<small>jump to conclusions ＝「早まった結論を下す」「早合点する」</small>

♠ You should do it now.

♥ Must I?
<small>Must I? ＝「なぜ、しなくてはいけないの？」。反論の表現です。</small>

♠ Look, let's not discuss it.

♥ Why not?
<small>・let's not ～＝「～しないようにしよう」
・Why not? は相手の言葉が否定文のとき「どうしていけないのか？」と聞き返しになります。</small>

♥ What difference does that make?

♠ I was just curious.
<small>What difference does that make? は反抗の決まり文句。「どっちみち同じじゃないか」のニュアンス。</small>

♥ Let me call Andrews Travel.

♠ What's the good of calling Andrews now?
<small>・Let me ～＝「私に～させてくれ」
・What's the good ～? には「今さらもうダメだ」のニュアンスが強く含まれています。</small>

♠ You can't fire me. I'm quitting.

♥ You can't quit. You're fired.
<small>・fire には「首にする」「解雇する」の意味があります。　・quit ＝「(仕事・習慣などを)やめる」</small>

♥ How do you feel about the idea?

♠ I'm against it.

！重要

<small>・How do you feel about ～? は「～についてどう思いますか？」と尋ねる決まり文句。
・be against ＝「反対する」。oppose to / object to / disagree with も同じ意味。「賛成する」には go in for / approve of / support / agree with などがあります。</small>

# UNIT 25 関係・関連

**関連を想像する**
- ♥恐らくあのことは彼の育った環境と何か関わり合いがあると思う。
- ♠もしそうならば、彼に同情します。

**関係を尋ねる**
- ♠このこととあなたは、何か関係あるのですか？
- ♥ええ、あります。

**人と人との関係を確かめる**
- ♠あなたと彼、どういうご関係ですか？
- ♥彼はおじです。

**二者の関連を尋ねる**
- ♥これら2つには関連があるのですか？
- ♠いいえ、ありません。

**関わりがあるか尋ねる**
- ♠あなたはこの件と関わりがあるのですか？
- ♥いいえ、ありません。

**仕事上の関連を尋ねる**
- ♥あなたの仕事と彼の仕事は、何か関係があるんですか？
- ♠いいえ、関係はありませんよ。

**体重と健康の関連を尋ねる**
- ♠体重と健康、何か関連があるのですか？
- ♥はい、あります。

| STEP 1 | STEP 2 | STEP 3 | STEP 1 | STEP 2 | STEP 3 |
|---|---|---|---|---|---|
| / | / | / | / | / | / |

CD-46

♥ Maybe that has something to do with his growing up.
♠ If it does, I feel sorry for him.
have something to do with 〜＝「〜と関係がある」「〜と関わり合いがある」

♠ Does this have anything to do with you?
♥ Yes, it does.
have anything to do with 〜？＝「〜と関係がありますか？」。anything は疑問文・否定文で使います。

♠ What is your relationship with him?
♥ He's my uncle.
relationship ＝「関係」「関連」

♥ Are these two related to each other?
♠ No, there's no relation.
relate ＝「〜に関係がある」

♠ Are you involved in this?
♥ No, I'm not.

♥ Does your work have anything in common with his work?
♠ No, nothing in common.
common ＝「共通の」

♠ Is there any link between weight and health?
♥ Yes, there is.
between 〜 and …＝「〜と…の間に」

# UNIT 26 いろんな数字 Part1

**時刻**
💙 5時15分前に来られますか？
♠ 6時15分過ぎまで忙しくて無理だね。

**乗車時刻**
💙 10時8分発の電車に乗り遅れたの？
♠ そう、それで10時30分の電車に乗ったよ。

**遅延時間**
♠ 12時の便は時間通りですか？
💙 20分ほど遅れそうです。

**月日**
💙 そのカフェは改装中で8月27日まで閉店のようです。
♠ つまり28日にオープンするのですね。

**フライトナンバー**
♠ 何便に乗られますか？
💙 309便です。夜9時発です。

**為替レート**
♠ 今日の為替レートはいくらですか？
💙 1ドル101.8円です。

**金額**
♠ 3ドル98セントになります。
💙 100ドル札でお釣りありますか？

💙 Would you come see me at quarter to five?
♠ I'm afraid I'll be busy until quarter after six.

・Would you 〜？は丁寧な依頼の表現です。
・quarter は「4 分の 1」。つまり、1 時間の 4 分の 1 ＝ 15 分を表します。
・I'm afraid は I think に近い意味に用いられますが、話の内容が自分または相手に良くないときに用います。

💙 Did you miss the 10:08 (ten-oh-eight) train?
♠ Yeah, I missed it and took the 10:30 (ten-thirty) train.

miss ＝「(バスなどの乗り物に) 乗り遅れる」

♠ Will the 12 (twelve) o'clock flight be on time?
💙 There'll be a 20-minute (twenty) delay.

on time ＝「時間・予定・定刻通りに」

💙 The coffee house is closed for remodeling until August 27 ((the) twenty-seventh).
♠ So, it'll reopen on 28 (the twenty-eighth).

♠ What's your flight number?
💙 3 0 9 (three-zero/oh-nine). It leaves at 9 (nine) p.m.

便名は各数字をひとつずつ言うことが多いので 309 ＝ three-zero-nine または three-o-nine となります。three hundred nine とは言いません。

♠ What's today's exchange rate?
💙 1 0 1 . 8 (one-oh-one point eight) yen to the dollar.

「円安 / 円高」＝ cheap yen, lower yen, weaker yen / rising yen, high yen, strong yen
「円高ドル安」＝ appreciation of the yen against the dollar

♠ That'll be $3.98 (three dollars and ninety-eight cents).
💙 Do you have change for a $100 (hundred-dollar) bill?

# UNIT 27 いろんな数字 Part2

**身長**
- ♥背はどのくらいあるの？
- ♠5フィート7インチ。

**長さ**
- ♠この橋の長さはどれくらいかな？
- ♥385 フィートほどらしいよ。

**速度**
- ♥スピードはどのくらい出ているの？
- ♠時速 75 マイルくらいかな。

**体温**
- ♥体温はどのくらいありますか？
- ♠少し熱っぽくて 37 度 8 分あります。

**車のナンバー**
- ♠75 － 93 のナンバーはおたくの車ですか？
- ♥いいえ、うちの車は向こうの 33 － 50 ですよ。

**頻度**
- ♠彼女にはよく会うの？
- ♥月に 2、3 度かな。

**割合**
- ♥作業は終わりましたか？
- ♠3 分の 2 ほど終わりました。

**倍数**
- ♠人口ではアメリカは日本の 2 倍ほどですよね？
- ♥そうです。でも面積では 27 倍も大きいですよ。

| STEP 1 | STEP 2 | STEP 3 | STEP 1 | STEP 2 | STEP 3 |
|---|---|---|---|---|---|
| / | / | / | / | / | / |

CD-48

♥ How tall are you?
♠ Five feet seven inches.
　＜長さの単位＞ 1 foot ＝ 30.48cm　1 inch ＝ 2.54cm

♠ How long is this bridge?
♥ About 385 feet. (three hundred eighty-five)
　How long は「物の長さ」や「所要時間」「期間」を尋ねるときに使います。

♥ How fast are we driving?
♠ About 75 miles per hour. (seventy-five)
　＜距離の単位＞ 1 mile ＝ 1,609.344m

♥ What's your temperature?
♠ I've got a slight fever.　It's 37.8 degrees centigrade. (thirty-seven point eight)
　・temperature ＝「気温」「体温」「温度」。「体温」と限定したければ body temperature と言います。
　・英米では摂氏 (Celsius / centigrade) ではなく華氏 (Fahrenheit) を用いるので、明記していない場合は華氏の温度になります。

♠ 75 - 93 is that your car? (seventy-five  ninety-three)
♥ No, mine's over there, 33 - 50. (thirty-three  fifty)

♠ How often do you see her?
♥ A few times a month, maybe.
　How often は「頻度」を尋ねるときに使います。

♥ Are you done with your work?
♠ I've finished two thirds of it.

♠ In population, the US is twice as large as Japan, isn't it?
♥ Right.　But in size, it's about 27 times bigger. (twenty-seven)
　isn't it? は「〜ですよね？」と念を押すときに使う付加疑問文です。

*What would you like?*

▶▶▶ Section III

# シチュエーション編

シチュエーション編では、どのような状況下にあっても即座に対応できるべく、「レストラン」「ショッピング」など、日常生活において欠かせない場面・フレーズをまとめています。

*I'll have a draft beer.*

# UNIT 1 バス・電車

| | | |
|---|---|---|
| 乗車時間を尋ねる | ♥乗車時間はどのくらいですか？<br>♠30分ほどです。 | □<br>□ |
| 乗車時間は長いか尋ねる | ♥時間かかりますか？<br>♠10分ほどですよ。 | □<br>□ |
| 所要時間を尋ねる | ♠そこまでどのくらいかかりますか？<br>♥20分ほどです。 | □<br>□ |
| 路線を尋ねる | ♥サンディエゴ行きはどの路線ですか？<br>♠9番のバスに乗ってください。 | □<br>□ |
| 乗り場を尋ねる | ♥ダウンタウンへ行くバスはここで乗れますか？<br>♠63番のバスに乗ってください。 | □<br>□ |
| 目的地までバスが行くか確かめる | ♠このバスはオーシャンパークに行きますね？<br>♥はい。私もそちらの方へ行きますので、降りるところをお教えしますよ。 | □<br>□ |
| 空港への行き方を尋ねる | ♠ケネディー空港までどう行けばいいのですか？<br>♥地下鉄に乗ってジャマイカ駅で乗り換えてください。 | □<br>□ |
| 運行間隔を尋ねる | ♠地下鉄は何分おきに出ますか？<br>♥10分おきです。 | □<br>□ |

| STEP 1 | STEP 2 | STEP 3 | STEP 1 | STEP 2 | STEP 3 |
|---|---|---|---|---|---|
| / | / | / | / | / | / |

CD-49

♥ How long is the ride?   ❗重要
♠ About half an hour.
　How long は所要時間を尋ねる表現です。

♥ Is it a long ride?
♠ Only ten minutes.
　ride は乗り物に乗って行く「道のり」「乗車時間」。上記の ride も同じ意味です。

♠ How long does it take to get there?
♥ About twenty minutes.
　take =「(時間を)必要とする」「(時間が)かかる」

♥ Which line goes to San Diego?
♠ Take the Number 9 bus.
　go は「(人が)〜へ行く」だけでなく、「(乗り物が)〜へ行く」にも使います。

♥ Can I catch a bus here for downtown?
♠ The 63 will get you there.

♠ Are you sure this is the right bus to Ocean Park?
♥ Yes. I'm going that way, too. I'll tell you where to get off.
　Are you sure 〜? は「確かに〜ですか?」「〜は間違いありませんか?」と相手に念を押す表現。

♠ How can I get to JFK Airport from here?
♥ Take the subway, and transfer at Jamaica Station.
　・get to 〜=「〜に着く」
　・take =「(交通手段として)利用する、乗る」

♠ How often does the subway run?
♥ Every ten minutes.

# UNIT 2 タクシー

**タクシーを呼んでもらう**
- ♥タクシー呼んでくれませんか？ □
- ♠承知しました。どこまでですか？ □

**行き先を告げる**
- ♠ニューヨーカーホテルまで。 □
- ♥承知しました。 □

**到着時間を確認する**
- ♥ローガン空港までお願いします。10時までに着きたいのですが。 □
- ♠余裕で間に合いますよ。 □

**迎車を頼む**
- ♥オリンピック大通り1257番地へ15分くらいで来てくれませんか？ □
- ♠どこまで行かれますか？ □
- ♥グランドセントラル駅まで。11時20分の列車に乗りたいんだけど。 □
- ♠承知しました。混んでなきゃ間に合わせますよ。 □

**明朝の迎車予約**
- ♥こちらイエローキャブ。ご用は？ □
- ♠明朝、1台お願いしたいんだけど。 □
- ♥行き先は？ □
- ♠ラガーディア空港まで。 □

**料金を支払う**
- ♠着きましたよ。7ドル75セントです。 □
- ♥はい、10ドル。おつりは取っておいて。 □

| STEP 1 | STEP 2 | STEP 3 | STEP 1 | STEP 2 | STEP 3 |
|---|---|---|---|---|---|
| / | / | / | / | / | / |

**CD-50**

- ♥ Will you call a taxi for me?
- ♠ Sure. To where?
  Sure. =「もちろん」と強い同意を表します。

- ♠ The Hotel New Yorker, please.
- ♥ Okay, sir.
  タクシーや駅の窓口では"行く先 + please"で伝わります。

- ♥ Logan Airport, please. I've got to be there by 10:00.
- ♠ You'll be there in plenty of time.
  plenty =「十分」「たくさん」


- ♥ I need a cab at 1257 Olympic Boulevard in 15 minutes.
- ♠ Where to?
- ♥ Grand Central Station. I'd like to take an 11:20 train.
- ♠ OK. We should make it if the traffic isn't too heavy.
  ・「〜してから迎えに来て」と依頼するには need を使うといいでしょう。
  ・I'd (I would) like to 〜. =「〜したい」。I want to 〜. の丁寧な言い方になります。
  ・make it =「目的地に予定通りに着く」


- ♥ Yellow Cab. May I help you?
- ♠ A cab for tomorrow morning, please.
- ♥ Where are you going?
- ♠ La Guardia Airport, please.


- ♠ Here we are. That'll be $7.75.
- ♥ Here's ten dollars. Keep the change.
  Here we are. =「さあ、着きましたよ」

# UNIT 3 空港

| | | |
|---|---|---|
| **チェックインの場所を確かめる** | ♠モービル行き79便のチェックインはここでいいのですか？ | ☐ |
| | ♥そうです。航空券はお持ちですか？ | ☐ |
| | ♠はい、これです。 | ☐ |
| **到着予定時刻を尋ねる** | ♠何時にそこに着きますか？ | ☐ |
| | ♥15時30分の予定です。 | ☐ |
| **スーツケースの機内持込を尋ねる** | ♠このスーツケースは機内に持って入れますか？ | ☐ |
| | ♥残念ですが、大きすぎて持ち込みはできません。 | ☐ |
| **窓側の座席を希望する** | ♠窓側の席、お願いします。 | ☐ |
| | ♥わかりました。座席は7Aです。よいご旅行を。 | ☐ |
| **セキュリティチェックに引っかかった** | ♠ポケットの中身を見せていただけますか？ | ☐ |
| | ♥どうぞ。 | ☐ |
| | ♠この容器に中身を全部入れてください。ではもう一度、戻って金属探知機をくぐってください。 | ☐ |
| **便が到着したか確かめる** | ♥102便はヒューストンからまだ到着していませんか？ | ☐ |
| | ♠6時20分の定刻通りに着きましたよ。 | ☐ |
| | ♥到着階のタクシー乗り場はどこですか？ | ☐ |

| STEP 1 | STEP 2 | STEP 3 | STEP 1 | STEP 2 | STEP 3 |
|---|---|---|---|---|---|
| / | / | / | / | / | / |

CD-51

♠ Do I check in here for Flight 79 to Mobile?

♥ Yes, sir. May I have your ticket?

♠ Sure. Here you are.
・Sure. =「もちろん」と強い同意を表します。同じ意で Surely / Certainly / Of course / Absolutely などがあります。
・Here you are. =「はい、ここにあります」と、代金や望みの物を差し出すときの決まり文句。

♠ What time does it get there?

♥ It's scheduled to arrive at 15:30.
be scheduled to =（普通は受身形で）「予定する」

♠ Can I carry this suitcase on the plane?

♥ No, I'm sorry. It's too big.

♠ I'd like a window seat, please.

♥ Fine. Seat 7A. Enjoy your flight.
・I want ～ は命令のニュアンスがあり、I'd like (I would like) ～ の方がより丁寧な要望の表現になります。
・Enjoy your flight. は空港で人を見送るときの表現です。

♠ May I see the contents of your pockets?

♥ Sure.

♠ Put everything in this container. Now go back and walk through the detector again.
前出と同じく、Sure. =「もちろん」と強い同意を表します。

♥ Did Flight 102 from Houston get in yet?

♠ Yes, at six-twenty, arrived on time.

♥ Where's the taxi line for arriving passengers?
get in = arrive =「到着する」

# UNIT 4 ホテル

**予約なしで宿泊**
- ♠1泊したいんですけど。 ☐
- 💚予約されていますか? ☐
- ♠いいえ。 ☐
- 💚空いているか調べましょう。 ☐

**チェックインする**
- 💚矢野と申します。予約してあるんですが。 ☐
- ♠承知しました。こちらの宿泊カードに必要事項 ☐
を書き込んでください。

**チェックアウトの時間を尋ねる**
- ♠チェックアウトは何時ですか? ☐
- 💚2時です。 ☐

**朝食の時間を尋ねる**
- ♠朝食は何時からでしょうか? ☐
- 💚7時30分です。 ☐

**ランドリーサービスを頼む**
- ♠これらのシャツをクリーニングに出したいです。 ☐
- 💚承知しました。いつご入用ですか? ☐
- ♠明日の朝です。 ☐

**部屋の温度調整を頼む**
- ♠部屋が暑すぎるんですけど……。 ☐
- 💚ちょっとお待ちください。今すぐ温度調整をい ☐
たしましょう。

| STEP 1 | STEP 2 | STEP 3 | STEP 1 | STEP 2 | STEP 3 |
|---|---|---|---|---|---|
| / | / | / | / | / | / |

CD-52

♠ I'd like a room for tonight.
♥ Do you have a reservation, sir?
♠ No, I don't.
♥ I'll see if there are any vacancies.
・I want ～ は命令のニュアンスがあり、I'd like (I would like) ～ の方がより丁寧な要望の表現になります。
・have a reservation ＝「予約している」
・see if ～ ＝「～を調べる」「～を確かめる」

♥ My name is Yano. I have a reservation.
♠ All right. Will you please fill out this registration card?
・have a reservation ＝「予約している」
・fill out ＝「(書類などを)完成する」「(余白などに)書き込む」
・registration ＝「登録」

♠ What time do I have to check out?
♥ Two o'clock, sir.

♠ What time does the dining room open for breakfast?
♥ At seven-thirty, sir.

♠ Will you send these shirts to the laundry?
♥ Yes, sir. When do you need them?
♠ By tomorrow morning.
send ～ to the laundry ＝「～を洗濯に出す」

♠ My room is too hot.
♥ Just a minute, sir. I'll adjust the room temperature right away.
adjust ＝「調節する」

# UNIT 5 レストラン

| | | |
|---|---|---|
| **電話予約をする** | ♥タヒチアンテラスでございます。 | ☐ |
| | ♠明日7時に3人で予約したいのですが。 | ☐ |
| | ♥お名前を頂戴できますか？ | ☐ |
| | ♠パーキンソンです。 | ☐ |

| | | |
|---|---|---|
| **レストランに入る** | ♠何名様でしょうか。 | ☐ |
| | ♥2人です。 | ☐ |
| | ♠何とか席をつくりましょう。 | ☐ |

| | | |
|---|---|---|
| **おすすめの料理を聞く** | ♥何になさいますか？ | ☐ |
| | ♠おすすめは？ | ☐ |
| | ♥ロブスターが最高ですよ。 | ☐ |
| | ♠よし、それにしよう。 | ☐ |

| | | |
|---|---|---|
| **飲み物を頼む** | ♠お飲み物は何にいたしましょう？ | ☐ |
| | ♥ビールを1本お願いします。 | ☐ |

| | | |
|---|---|---|
| **注文した料理と違う** | ♥すみません、ステーキ、ウェルダンで注文したんだけど……。 | ☐ |
| | ♠申し訳ございません。すぐお取り替えいたします。 | ☐ |

| | | |
|---|---|---|
| **追加注文はないと答える** | ♠何か他にいかがでしょうか？ | ☐ |
| | ♥今のところ、結構です。 | ☐ |

| STEP 1 | STEP 2 | STEP 3 | STEP 1 | STEP 2 | STEP 3 |
|---|---|---|---|---|---|
| / | / | / | / | / | / |

CD-53

♥ This is Tahitian Terrace.
♠ I want to make a reservation for three for 7:00 tomorrow. **!重要**
♥ May I have your name?
♠ Parkinson.
　要望や希望を述べるのは、I want（直接的な表現）の他にも I would like / I'd like（丁寧な表現）、
　I hope（実現可能なことへの願望）、I wish（実現不可能なことへの願望）があります。

♠ How many?
♥ Two.
♠ I think we can squeeze you in.
　squeeze in =「〜に詰め込む」

♥ What would you like?
♠ What do you recommend?
♥ The lobster is very good.
♠ OK. I'll take that.
　What do you recommend? =「おすすめ料理は何か？」と尋ねる表現。

♠ Something to drink?
♥ A bottle of beer, please.

♥ Excuse me. I wanted the steak well-done.
♠ I'm sorry. I will change that right away.
　I want〜 は命令のニュアンスがあり、I'd like (I would like)〜 の方がより丁寧な要望の表現。

♠ Will there be anything else?
♥ Not right now, thanks.

# UNIT 6 飲み屋

**飲みに誘う**
- ♠一杯おごらせて。 □
- ♥すごく急いでいるんだ。 □
- ♠一杯飲むのに時間はかからないよ。つきあえよ。 □

**ビールを頼む**
- ♠何になさいますか？ □
- ♥生ビール1杯。 □

**バーボンを頼む**
- ♠バーボン、ストレートで2杯お願い。 □
- ♥承知しました。 □

**ダブルで頼む**
- ♥ダブルにしてください。 □
- ♠わかりました。 □

**飲み物をすすめる**
- ♥もう一杯いかがですか？ □
- ♠結構です。十分頂きました。 □

**相手におごる**
- ♠ここはぼくのおごりです。 □
- ♥それじゃ、次の一杯はおごらせて。 □

| STEP 1 | STEP 2 | STEP 3 | STEP 1 | STEP 2 | STEP 3 |
|---|---|---|---|---|---|
| / | / | / | / | / | / |

**CD-54**

♠ Let me buy you a drink.
♥ I'm really in a hurry.
♠ A drink won't take long.  Come on.

・Let me ～ =「私に～させてくれ」
・take long =「長くかかる」。take には「(時間・労力などを)必要とする」「(人にとって)するのに時間がかかる」というような意味があります。

♠ What would you like?
♥ I'll have a draft beer.

♠ Give us two shots of bourbon.
♥ Yes, sir.

a shot には「(酒の)1杯」「(薬の)1服」「注射」などの意味があります。

♥ Make it a double, please.
♠ All right.

Double, please. と簡単に言うこともできます。

♥ How about another drink?　　　　　　　　　　❗重要
♠ No, thank you.  I've had enough.

・How about ～ ? は「～はどう？」と勧誘や提案に使えるとても便利なフレーズです。
・have had enough は「(飲み物や料理を)もう十分頂いた」と言うときの表現。

♠ Let me pay this time.
♥ OK.  The next round is on me.　　　　　　　　❗重要

・Let me ～ =「私に～させてくれ」
・「おごりますよ」は I'll get the check. / Be my guest here. 「～をおごりますよ」は、I'll buy you ～. / ～ is on me. / ～ is my treat.

# UNIT 7 ショッピング Part1

| | | |
|---|---|---|
| **見ているだけと伝える** | ♥ 何かお探しですか？ | ☐ |
| | ♠ いいえ。ただ見ているだけです。 | ☐ |
| **店内を見てまわりたい** | ♥ 見てまわってもいいですか。 | ☐ |
| | ♠ どうぞ、どうぞ。 | ☐ |
| **ディスカウントしてほしい** | ♥ 少し安くしてくれません？ | ☐ |
| | ♠ これ以上は無理です。 | ☐ |
| **まとめ買い** | ♠ 1ダース買えば安くなりますか？ | ☐ |
| | ♥ はい、10％お得になりますよ。 | ☐ |
| **上の棚の商品を取ってほしい** | ♥ いちばん上の棚にある調味料のビンを取っていただけません？　手が届かないのです。 | ☐ |
| | ♠ いいですよ。はい、どうぞ。 | ☐ |
| **商品のメリットを尋ねる** | ♠ どちらがおすすめですか？ | ☐ |
| | ♥ こちらは持ち運びできますが、あちらは違います。 | ☐ |
| **クレジットカードで購入する** | ♥ これ、ください。 | ☐ |
| | ♠ お支払いは現金ですか、クレジットカードですか？ | ☐ |
| | ♥ このカードでお願いします。 | ☐ |

| STEP 1 | STEP 2 | STEP 3 | STEP 1 | STEP 2 | STEP 3 |
|--------|--------|--------|--------|--------|--------|
| /      | /      | /      | /      | /      | /      |

CD-55

💚 Can I help you?

♠ No, thanks. I'm just looking.
Can I help you? は、店員や受付係が客に言う決まり文句。

💚 I'd like to have a look if you don't mind.

♠ Very well.
・I'd (I would) like to 〜. = 「〜したい」。I want to 〜. の丁寧な言い方になります。
・have a look = 「見てみる」

💚 Can you make it cheaper?  ⚠重要

♠ No, I can't go any lower than that.
・値段の交渉は、Give me a discount, please. / Is that your best price? / Can you come down a little? などと言うこともできます。
・can't go lower = 「(値段を)安くできない」

♠ Is there any discount if I buy a dozen?

💚 Sure, you can save about ten percent.
save は金銭や労力を節約すること。

💚 Would you get me a bottle of seasonings on the top shelf?  I can't reach them.

♠ Sure. Here it is.
Here it is. = 「ここにあります」と、相手が望む物を示すときに使います。

♠ Which would you recommend?

💚 This one is portable, but that one is not.
recommend は、人や物などを推薦したり、すすめるときに使う表現。

💚 I'll take this one.

♠ Cash or credit?

💚 On this card, please.
この take は「買う」という意味。

# ショッピング Part2

| | | |
|---|---|---|
| **売り場のフロアを尋ねる** | 💚すみません。紳士用品売り場は何階ですか？<br>♠3階です。 | ☐<br>☐ |
| **価格を尋ねる** | 💚このネクタイはいくらですか？<br>♠30ドルです。 | ☐<br>☐ |
| **試着したい** | 💚何かお気に召すものはありましたか？<br>♠ええ、これいいですね。試着してみていいですか？<br>💚どうぞ。試着室は向こうにございます。 | ☐<br>☐<br>☐ |
| **サイズが小さい** | 💚これを着てみてください。<br>♠小さいですねえ。 | ☐<br>☐ |
| **探している品を店員に尋ねる** | ♠綿100％のズボンはありませんか？<br>💚ございますよ。 | ☐<br>☐ |
| **品切れ** | ♠このシャツの水色が欲しいのですが……。<br>💚申し訳ありませんが、在庫がないのです。<br>♠ああ、そうですか。どうも。 | ☐<br>☐<br>☐ |

| STEP 1 | STEP 2 | STEP 3 | STEP 1 | STEP 2 | STEP 3 |
|---|---|---|---|---|---|
| / | / | / | / | / | / |

CD-56

♥ Excuse me. Which floor is the men's department on?
♠ It's on the third floor.

♥ How much is this tie?
♠ Thirty dollars.

♥ Did you find anything that you like?
♠ Yes, I like this one. May I try it on?
♥ Yes. The dressing room is over there.
・try 〜 on ＝「試着する」
・the dressing room ＝「試着室」

♥ Try this for size.
♠ Well, this one looks too small.

♠ Do you carry hundred-percent cotton pants?　❗重要
♥ We certainly do.
Do you carry 〜 ? は、お店で「〜はありますか？」と尋ねるときの表現 (carry ＝「( 店が ) 品物を置く」)。他に Do you have 〜 ? / I'm looking for 〜 . などの表現もあります。

♠ I want this shirt in light blue.
♥ I'm sorry, it's out of stock.
♠ That's OK. Thanks anyway.
・I want 〜 は命令のニュアンスがあり、I'd like (I would like) 〜 の方がより丁寧な要望の表現になります。
・be out of 〜 ＝「〜がなくて」「〜が切れて」
・Thanks anyway. は、結局うまくいかなかったときの「何はともあれ、どうも」の意味。

# UNIT 9 ドラッグストア

**水虫の薬を買う**
- ♠水虫に効く何かいい薬ありませんか？　☐
- ♥このクリームをおすすめしますよ。　☐

**頭痛薬を買う**
- ♥頭痛がするんです。　☐
- ♠どのくらい続いていますか？　☐
- ♥30分ほどです。　☐
- ♠これ飲んでみてください。3時間ごとに2錠です。　☐

**虫刺されの薬を買う**
- ♠虫刺されに効く薬はありますか？　☐
- ♥これがいいと思います。　☐

**日焼け止めを買う**
- ♥日焼け止めにいいクリームありますか？　☐
- ♠このクリームがいいと思います。　☐

**試してみると言う**
- ♥これ、すごく効くようですよ。　☐
- ♠使ってみましょう。　☐

**おすすめの理由を聞く**
- ♠これをおすすめの理由は？　☐
- ♥のどが痛い風邪には効果てきめんです。　☐

| STEP 1 | STEP 2 | STEP 3 | STEP 1 | STEP 2 | STEP 3 |
|---|---|---|---|---|---|
| / | / | / | / | / | / |

CD-57

♠ Do you have something for athlete's foot?  ❗重要
♥ This cream is highly recommended.
　・Do you have 〜？は「〜はありますか？」と店で尋ねる定番のフレーズ。どんなお店でも使えます。
　・recommend は、人や物などを推薦したり、すすめるときに使う表現。

♥ I have a headache.
♠ How long have you had it?
♥ About half an hour.
♠ Well, try these pills. Take two every three hours.
　・How long は「所要時間」「期間」や「物の長さ」を尋ねるときに使います。
　・take =「(薬や栄養物を)摂る、飲む」

♠ Can you give me something for insect bites?
♥ This will help.

♥ Can you suggest a cream for sunblock?
♠ This cream should help.
　suggest は「〜にしてはどうか」と相手にすすめる表現。

♥ This is supposed to be very effective.
♠ I might try that.
　be supposed to 〜=「〜するはず」

♠ Why do you recommend this?
♥ It's the best for a cold with a sore throat.
　recommend は、人や物などを推薦したり、すすめるときに使う表現。

## UNIT 10 仕事

| | | |
|---|---|---|
| **休日を尋ねる** | 💚休みはいつですか？ | ☐ |
| | ♠火曜日です。 | ☐ |

| | | |
|---|---|---|
| **休みかどうか確かめる** | ♠今日、仕事は休みなのですね？ | ☐ |
| | 💚上司が休みをくれたんです。 | ☐ |

| | | |
|---|---|---|
| **有休を取りたい** | 💚次の木曜に有休を取っていいですか？ | ☐ |
| | ♠いいですよ。 | ☐ |

| | | |
|---|---|---|
| **仕事の予定を尋ねる** | ♠スケジュールは日によって違うのですか？ | ☐ |
| | 💚そうです。 | ☐ |

| | | |
|---|---|---|
| **人の能力を測る** | ♠新入社員のこと、どう思いますか？ | ☐ |
| | 💚可能性を秘めているように思います。 | ☐ |

| | | |
|---|---|---|
| **退職した日を尋ねる** | 💚仕事をいつやめたの？ | ☐ |
| | ♠2週間前だ。 | ☐ |

| STEP 1 | STEP 2 | STEP 3 | STEP 1 | STEP 2 | STEP 3 |
|--------|--------|--------|--------|--------|--------|
| /      | /      | /      | /      | /      | /      |

CD-58

♥ When is your day off?
♠ I have Tuesday off.
　day off =（休暇としての）「休み」

♠ You sure you don't have to work today?
♥ My boss gave me some time-off.
　time-off =「休み」「欠席」

♥ Can I take a paid day off next Thursday?
♠ Yes, you can.
　paid day off =「有給休暇」

♠ Your schedule changes from day to day?
♥ That's right.

♠ What do you think about the new employee?
♥ I think he has a lot of potential.
　What do you think about 〜 ? =「〜をどう思いますか？」と相手の意見を聞く言い方です。

♥ When did you quit your job?
♠ Two weeks ago.
　quit =「(仕事・習慣などを)やめる」

# UNIT 11 職探し

| | | |
|---|---|---|
| **仕事を探している** | ♥仕事を探しているんです。 | ☐ |
| | ♠どのような職種に関心がありますか？ | ☐ |

| | | |
|---|---|---|
| **アルバイトに応募したい** | ♥学校新聞の求人欄に載っていたアルバイトに興味があるんですけど。 | ☐ |
| | ♠それはどうも。顔写真付きの履歴書をお送りください。 | ☐ |
| | ♥はい、そうします。 | ☐ |

| | | |
|---|---|---|
| **結果がいつ出るか知りたい** | ♠結果はいつわかりますか？ | ☐ |
| | ♥一週間以内にお電話します。 | ☐ |

| | | |
|---|---|---|
| **就職できる可能性を尋ねる** | ♥就職の可能性は？ | ☐ |
| | ♠見通しは明るいと思いますよ。 | ☐ |

| | | |
|---|---|---|
| **探している職種** | ♠IT企業の職を探しているんだ。 | ☐ |
| | ♥ITの専門は何？ | ☐ |

| | | |
|---|---|---|
| **勤務開始日** | ♠いつから勤務できますか？ | ☐ |
| | ♥6月1日以降ならいつでも結構です。 | ☐ |
| | ♠では、6月1日からにしましょう。 | ☐ |

| STEP 1 | STEP 2 | STEP 3 | STEP 1 | STEP 2 | STEP 3 |
|--------|--------|--------|--------|--------|--------|
| /      | /      | /      | /      | /      | /      |

CD-59

♥ I'm trying to find a job.
♠ What type of work are you interested in?
be interested in 〜＝「〜に興味をもっている」

♥ I'm interested in the part-time job in the classifieds of the student newspaper.
♠ Yes, thank you. Send us your resume with a photo.
♥ Okay, I will.
・上記と同じ be interested in 〜です。
・classifieds ＝（新聞や雑誌で求人・貸家などの）「案内広告」

♠ How soon do I hear of the result from you?
♥ We'll call you in a week.

♥ What are my chances of getting a job?
♠ I'd say pretty good.
・I'd (I should) say ＝「たぶん」
・pretty ＝「とても」「まずまず」

♠ I'm looking for a job at an IT company.
♥ What is your specialty in IT?
look for 〜＝「〜を探す」

♠ When can you start working?
♥ Anytime from June 1.
♠ Okay, we'll see you on June 1.

# UNIT 12 レンタカー

| | | |
|---|---|---|
| **レンタカーの手続きをする** | ♠レンタカーを利用したいんですけど。<br>♥免許証、お持ちですか？<br>♠はい。これです。<br>♥いいですよ。この書類に記入してください。 | □<br>□<br>□<br>□ |
| **国際免許証を見せる** | ♥国際免許証をお持ちですか？<br>♠ええ、ここにあります。 | □<br>□ |
| **燃費のいい車を希望する** | ♥どの車種にされますか？<br>♠できればエコカーがいいんですけど。 | □<br>□ |
| **料金を尋ねる** | ♠ミニバンの料金はいくらですか？<br>♥1日60ドルです。 | □<br>□ |
| **追加料金が必要か聞く** | ♠走行距離当たりの料金も追加されますか？<br>♥いいえ、基本料金だけです。 | □<br>□ |
| **レンタル期間** | ♥どのくらいの期間、必要ですか？<br>♠3日ほどです。 | □<br>□ |

| STEP 1 | STEP 2 | STEP 3 | STEP 1 | STEP 2 | STEP 3 |
|---|---|---|---|---|---|
| / | / | / | / | / | / |

**CD-60**

♠ I'd like to rent a car. ❗**重要**

♥ Can I see your driver's license?

♠ Sure. Here it is.

♥ Okay. Now just complete this form.

・I'd (I would) like to ～ . =「～したい」。I want to ～ . の丁寧な言い方になります。
・Sure. =「もちろん」と強い同意を表します。同じ意で Surely / Certainly / Of course / Absolutely などがあります。
・Here it is. =「ここにあります」と、相手が望む物を示すときに使います。

♥ I'll need to see your international driving permit.

♠ Here you are.

・permit =「許可(証)」「免許(状)」
・Here you are. =「はい、ここにあります」と、代金や望みの物を差し出すときの決まり文句です。

♥ What kind of car do you want?

♠ An economy car, if possible.

♠ What's the rate for a minivan?

♥ It's 60 dollars a day.

What's the rate ～ ? は料金を聞くときの表現です。

♠ Do you charge for mileage?

♥ No, it's a flat rate.

・mileage =「(自動車の)走行距離」
・a flat rate =「均一料金」

♥ How long will you need it?

♠ For three days.

How long は「所要時間」「期間」や「物の長さ」を尋ねるときに使います。

# UNIT 13 車のトラブル

| | | |
|---|---|---|
| **バッテリーが あがった** | ♥すみませんが、手を貸してくれませんか？ バッテリーがあがったんです。 | ☐ |
| | ♠承知しました。すぐ行きます。 | ☐ |

| | | |
|---|---|---|
| **エンジントラブル** | ♥エンジンが変な音を出すんです。チェックして いただけませんか？ | ☐ |
| | ♠すぐ見てみましょう。 | ☐ |

| | | |
|---|---|---|
| **ラジエーターの 点検を頼む** | ♥ラジエーター漏れなんですけど。 | ☐ |
| | ♠ちょっと見てみましょう。 | ☐ |

| | | |
|---|---|---|
| **ガス欠** | ♠なんでもないですよ。ガス欠ですよ。 | ☐ |
| | ♥ガソリンスタンドまで引っ張ってもらえますか？ | ☐ |
| | ♠いいですよ。 | ☐ |

| | | |
|---|---|---|
| **脱輪** | ♠手を貸していただけますか？ 車が溝に落ちて しまったんです。 | ☐ |
| | ♥もちろんです。 | ☐ |

| STEP 1 | STEP 2 | STEP 3 | STEP 1 | STEP 2 | STEP 3 |
|---|---|---|---|---|---|
| / | / | / | / | / | / |

CD-61

♥ Can you help me?  The battery is dead.

♠ Okay, I'll be right over.
- Can you ～？はカジュアルな表現。対して Could you ～？/ Would you ～？は丁寧な表現。
- dead ＝「(電池などの)寿命が切れた」

♥ The engine is making a strange noise.
   Would you mind checking it?

♠ I'll be with you in a minute.
- make a noise ＝「音をたてる」
- Would you mind は迷惑でないか相手の気持ちを探る表現。直訳すると「～するのは嫌ではないですか？」となり、返答は No を使って「いいえ、嫌ではないです。どうぞ」という意味になるので、ついつい Yes と答えないように気をつけましょう。

♥ The radiator sprang a leak.

♠ Let me see what I can do.
- spring a leak ＝「急に漏れ出す」
- Let me ～ ＝「私に～させてくれ」
- see ＝「よく見てみる」「調べる」「考える」

♠ It's nothing serious.  You've just run out of gas.

♥ Can you tow me back to the service station?

♠ Sure.
- run out of ～ ＝「～を使い果たす」「～を切らす」
- Sure. ＝「もちろん」と強い同意を表します。同じ意で Surely / Certainly / Of course / Absolutely などがあります。

♠ Would you help me, please?  My car has run into a ditch.

♥ Yes, of course.

# UNIT 14 旅行代理店

| | | |
|---|---|---|
| **指定日のフライトを尋ねる** | 💚月曜朝のデトロイトまで予約したいのですが。 | ☐ |
| | ♠ちょっとお待ちください。スケジュールを見てみましょう。 | ☐ |

| | | |
|---|---|---|
| **ツアー内容を知りたい** | 💚どんなツアーがあるのですか？ | ☐ |
| | ♠ここにツアーパンフレットがあります。どうぞご覧になってください。 | ☐ |

| | | |
|---|---|---|
| **観光ツアーの所要時間を尋ねる** | ♠市内観光ツアーには、どのくらい時間がかかりますか？ | ☐ |
| | 💚7時間ほどです。 | ☐ |

| | | |
|---|---|---|
| **食事付きのツアーか尋ねる** | 💚このツアーには夕食は付いていますか？ | ☐ |
| | ♠はい。ビュッフェスタイルの夕食が価格に含まれております。 | ☐ |

| | | |
|---|---|---|
| **条件に合うホテルを探してもらう** | ♠安くてビーチに近いホテルがいいのですが。 | ☐ |
| | 💚ホリデイホテルはいかがでしょう？　一泊65ドルです。 | ☐ |

| STEP 1 | STEP 2 | STEP 3 | STEP 1 | STEP 2 | STEP 3 |
|--------|--------|--------|--------|--------|--------|
| / | / | / | / | / | / |

CD-62

💚 I want to reserve a flight to Detroit on Monday morning. ❗重要

♠ One moment, please. I'll check the schedule.

・要望や希望を述べるのは、I want（直接的な表現）の他にも I would like / I'd like（丁寧な表現）、I hope（実現可能なことへの願望）、I wish（実現不可能なことへの願望）があります。
・One moment, please. =「ちょっと待ってください」。One moment の代わりに Wait a moment や Just a moment も使えます。

💚 What kind of tours do you have?

♠ Here's the tour brochure. Please have a look.

tour brochure =「観光案内のパンフレット」

♠ How long is the sightseeing tour of the city?

💚 It takes around seven hours.

How long は「所要時間」「期間」や「物の長さ」を尋ねるときに使います。

💚 Does this tour include dinner?

♠ Certainly. A buffet dinner is included in the price.

♠ I'd like a hotel, inexpensive and near the beach.

💚 How about the Holiday Hotel? It's $65 per night. ❗重要

・I want 〜 は命令のニュアンスがあり、I'd like (I would like) 〜 の方がより丁寧な要望の表現になります。
・How about 〜? は「〜はどう？」と勧誘や提案に使えるとても便利なフレーズです。

# UNIT 15 アパート・部屋探し

| | | |
|---|---|---|
| **不動産屋に電話する** | ♥アパートを探しているんです。 | ☐ |
| | ♠何部屋のアパートをお探しですか？ | ☐ |

| | | |
|---|---|---|
| **希望の部屋数を言う** | ♥3部屋あるアパートを探しているんです。 | ☐ |
| | ♠あなたのご予算は？ | ☐ |

| | | |
|---|---|---|
| **家賃を尋ねる** | ♠家賃はいくらですか？ | ☐ |
| | ♥月700ドルです。 | ☐ |

| | | |
|---|---|---|
| **公共料金のことを尋ねる** | ♠家賃には電気・ガス・水道代も入っていますか？ | ☐ |
| | ♥はい、含まれています。 | ☐ |

| | | |
|---|---|---|
| **保証金が要るか尋ねる** | ♠クリーニングの保証金は必要ですか？ | ☐ |
| | ♥いいえ。 | ☐ |

| | | |
|---|---|---|
| **部屋を見せてもらう** | ♠部屋を見せていただけますか？ | ☐ |
| | ♥いいですよ。ご案内しましょう。 | ☐ |

| STEP 1 | STEP 2 | STEP 3 | STEP 1 | STEP 2 | STEP 3 |
|---|---|---|---|---|---|
| / | / | / | / | / | / |

CD-63

💚 I'm looking for an apartment.

♠ How many rooms do you have in mind?
- look for 〜 =「〜を探す」
- have in mind =「〜を考えている」「〜を目論んでいる」

💚 I'd like to rent a 3-bedroom apartment.

♠ What's your budget like?
- I'd (I would) like to 〜 . =「〜したい」。I want to 〜 . の丁寧な言い方になります。
- アメリカでは、ワンルームは studio apartment と言い、間取りは 1-bedroom / 2-bedroom apartment などと、寝室の数で表されます。
- budget =「予算」

♠ What's the rent?

💚 Seven hundred a month.

♠ Are utilities included in the rent?

💚 Yes, they are included.
utility が複数形になっているときには、しばしば「公共料金」を意味します。アメリカでは電気・ガス・水道料金が家賃に含まれていることがよくあります。

♠ Do I have to pay a cleaning deposit?

💚 No, you don't.

♠ May I take a look at the room?

💚 Sure. I'll show you around.
- Sure. =「もちろん」と強い同意を表します。同じ意で Surely / Certainly / Of course / Absolutely などがあります。
- show around =「案内してまわる」

# UNIT 16 人の描写

| | | |
|---|---|---|
| **外見の特徴** | ♥彼、どんな風でした？<br>♠髪はブロンドで、目はブルーで、まゆげが濃かったですよ。 | ☐<br>☐ |
| **身につけていたものを説明する** | ♠彼が身につけていたものは？<br>♥確か、茶色のジャケットを着ていましたよ。 | ☐<br>☐ |
| **年令を想像する** | ♥彼女、いくつに見えますか？<br>♠30くらい？　わからないなあ。 | ☐<br>☐ |
| **眼鏡をかけているかどうか** | ♠彼、眼鏡をかけていますか？<br>♥かけていません。 | ☐<br>☐ |
| **身長を想像する** | ♠彼、身長どれくらいあるのかな？<br>♥5フィート8インチくらいだと思うよ。 | ☐<br>☐ |
| **あごひげの感想** | ♥彼のあごひげどう？<br>♠嫌だな。 | ☐<br>☐ |

| STEP 1 | STEP 2 | STEP 3 | STEP 1 | STEP 2 | STEP 3 |
|---|---|---|---|---|---|
| / | / | / | / | / | / |

CD-64

♥ What does he look like?
♠ He has blond hair, blue eyes, and thick eyebrows.
look like 〜 =「〜に似ている」

♠ What was he wearing?
♥ I think he had a brown jacket on.
have 〜 on =「(身体に)〜を着けている」。この on は(衣服などを)「身につけて」「着て」「履いて」の意味。これは受身や進行形にはできないことに注意しましょう。

♥ Would you guess how old she is?
♠ Thirty? I don't know.
guess =「かもしれない」

♠ Does he wear glasses?
♥ No, he doesn't.

♠ How tall is he?
♥ About five eight, I guess.
・<長さの単位> 1 foot = 30.48cm  1 inch = 2.54cm。身長を表すときは feet と inches は省略して言うことが多いです。
・guess =「かもしれない」

♥ How do you like his beard?
♠ I don't like it.

# UNIT 17 紛失

| | | |
|---|---|---|
| 遺失物係に電話する | ♠ジャクソン駅遺失物係です。<br>♥もしもし、今朝地下鉄にスーツケースを置き忘れてしまいました。もしかして届いていませんか。<br>♠住所と名前はスーツケースにありますか？ | □<br>□<br><br><br>□ |
| 紛失物について説明する | ♠スーツケースの色は？<br>♥黒皮のスーツケースで、ヨーロッパ航空の手荷物タグが付いています。 | □<br>□ |
| レストランにかばんを置き忘れた | ♠10分ほど前に、おたくのレストランにブリーフケースを置き忘れたんですが。<br>♥どんなブリーフケースでしょうか？<br>♠茶色の革のアタッシェケースです。 | □<br><br>□<br>□ |
| 間違いなく置き忘れた | ♠ここに間違いなく置かれたのですね？<br>♥はい、そのとおりです。 | □<br>□ |
| 預けた手荷物が到着しない | ♥手荷物はまだ届いていませんか？<br>♠何便ですか？<br>♥パリからのヨーロッパ航空385便です。 | □<br>□<br>□ |
| 入館証を紛失した | ♥許可証をなくしてしまいました。<br>♠許可証なしにこのビルには入れませんよ。 | □<br>□ |

|STEP 1|STEP 2|STEP 3|STEP 1|STEP 2|STEP 3|
|---|---|---|---|---|---|
|/|/|/|/|/|/|

CD-65

♠ Jackson Station Lost and Found Department.
♥ Hello, I left my suitcase on the subway this morning. I wonder if it has been turned in.
♠ Did it have your name and address on it?

・left は leave の過去形で「(ある場所に物を)置き忘れる」というときに使います。同じ「忘れる」に forget がありますが、こちらは「うっかり忘れる」「持って行くのを忘れる」で、自宅に忘れるときを指します。混同しないように注意しましょう。
・wonder = 「(~かしら、~かなと)思う」。目的語には if / whether に導かれる名詞節か名詞句がきます。　・turn in = 「(不要物を)返す、返却する」「(忘れ物を)届ける」

♠ What color is your suitcase?
♥ It's a black leather suitcase with a European Airline's tag on it.

♠ I left my briefcase in your restaurant about ten minutes ago.
♥ What does your briefcase look like?
♠ It's a brown leather attaché case.

♠ Are you sure you left it here?
♥ Of course, I am.

♥ My baggage hasn't arrived yet?
♠ Your flight number, please.
♥ European Airline Flight 385, from Paris.

♥ I've lost the permit card.
♠ You can't enter the building without the permit card.

# UNIT 18 事件・事故

| | | |
|---|---|---|
| **発砲事件を通報** | ♥緊急電話番号です。 | ☐ |
| | ♠もしもし。オウルカフェで発砲騒ぎが起こりました。 | ☐ |

| | | |
|---|---|---|
| **火災発生を通報** | ♠緊急電話番号です。 | ☐ |
| | ♥火災が起きました。 | ☐ |
| | ♠どこでしょう？ | ☐ |
| | ♥メリディアン通りのマクレオド工場です。 | ☐ |

| | | |
|---|---|---|
| **交通事故らしいと言う** | ♠何かあったのかな？ | ☐ |
| | ♥はっきりしないんですが、交通事故のようですよ。 | ☐ |

| | | |
|---|---|---|
| **車が盗まれた** | ♥どうされましたか？ | ☐ |
| | ♠車が盗まれたんです。 | ☐ |

| | | |
|---|---|---|
| **怪我** | ♠ひどく血が出ていますよ。どうされたのですか？ | ☐ |
| | ♥通りの角で地図を見ていて、つまずいて転んだんです。 | ☐ |
| | ♠救急車、呼びましょうか。 | ☐ |

| STEP 1 | STEP 2 | STEP 3 | STEP 1 | STEP 2 | STEP 3 |
|---|---|---|---|---|---|
| / | / | / | / | / | / |

CD-66

♥ 911.

♠ Hello. A gunfight is on here in the Owl Cafe.
911 は、アメリカ・カナダでの緊急通報用の電話番号です。警察や消防、救急のすべての緊急時に使えます。

♠ 911.

♥ I want to report a fire.

♠ Where is it?

♥ McLeod factory on Meridian Street.
上と同じく、911 はアメリカ・カナダでの緊急通報用の電話番号です。

♠ What's going on?

♥ I'm not sure, but there seems to have been a traffic accident.
What's going on? =「いったいどうしたのか？」と、事件や事故が起こったときなどに使う表現。

♥ What's wrong?

♠ My car was stolen.
What's wrong? =「どうしましたか？」という決まり文句。

♠ Oh, you're bleeding a lot. How did it happen?

♥ I was checking the map at the corner and slipped and fell.

♠ I'll phone for an ambulance.

# UNIT 19 スポーツ・娯楽

**人気のスポーツ**
- ♠ アメリカで一番人気のあるスポーツは？
- ♥ アメフトだと思うよ。

**好きなスポーツ**
- ♥ 君の好きなスポーツは？
- ♠ 野球だよ。

**リードしているチームを聞く**
- ♥ どちらが勝っていますか？
- ♠ ジャイアンツが3対1でタイガースをリードしています。

**ジョギングの理由**
- ♥ なぜ、ジョギングするの？
- ♠ ニューヨークマラソンに向けての練習だよ。

**観たい映画**
- ♠ 何を観たい？
- ♥ 『エデンの東』。
- ♠ えっ？ ぼくは『ローマの休日』がいいんだけど。

**上映時間を聞く**
- ♠ 映画は何時に始まりますか？
- ♥ 12時30分です。

**舞台の感想**
- ♠ お芝居はどうでしたか？
- ♥ いい出来とは思えませんでした。

| STEP 1 | STEP 2 | STEP 3 | STEP 1 | STEP 2 | STEP 3 |
|--------|--------|--------|--------|--------|--------|
| /      | /      | /      | /      | /      | /      |

CD-67

♠ What is the most popular sport in America?
♥ I think American football is the most popular.

♥ What's your favorite sport?
♠ I like baseball.

♥ Who's ahead?
♠ The Giants are ahead, three to one over the Tigers.
Who's ahead? =「(試合で)どちらが勝っているか?」と尋ねるときの決まり文句。ahead には(他より)「進んで」「勝って」「勝ち越して」の意味があります。

♥ Why are you jogging?
♠ I'm training for the New York Marathon.

♠ What movie do you want to see?
♥ *East of Eden*.
♠ You would? I'd rather see *Roman Holiday*.
You would? は「意外だなあ」と相手の気持ちを再確認する問いかけです。

♠ When does the movie start?
♥ At 12:30, sir.

♠ What did you think of the play?
♥ The acting seemed clumsy to me.
clumsy =「ぶざまな」

# UNIT 20 パーティー

| | | |
|---|---|---|
| **パーティーに誘う** | ♠明日の夜、サプライズパーティーやるんだ。来ない？ | ☐ |
| | ♥ぜひ行くよ。どこでやるの？ | ☐ |
| **飲み物をすすめる** | ♥何、飲まれますか？ | ☐ |
| | ♠ビールをお願いします。 | ☐ |
| **気に入った人がいる** | ♥君、彼女のこと、気に入っているようね？ | ☐ |
| | ♠うん、気に入っているよ。 | ☐ |
| **さりげなくダンスに誘う** | ♠踊らない？ | ☐ |
| | ♥いいよ。 | ☐ |
| **辞去する** | ♠素敵なパーティーでした。 | ☐ |
| | ♥来ていただいてうれしかったです。 | ☐ |
| | ♠こちらこそ。ほんとうに楽しかったです。 | ☐ |
| **再会を約束する** | ♥あなたとお知り合いになれてうれしかったです。近いうちにまたお会いしたいですね。 | ☐ |
| | ♠私も。あなたにお会いできて楽しかったです。 | ☐ |
| **招待してもらったことを感謝する** | ♠招待してくださってどうも。 | ☐ |
| | ♥来ていただいてこちらこそ楽しかったです。近いうちにまたいらしてね。 | ☐ |

| STEP 1 | STEP 2 | STEP 3 | STEP 1 | STEP 2 | STEP 3 |
|---|---|---|---|---|---|
| / | / | / | / | / | / |

CD-68

♠ I'm having a surprise party tomorrow night.  Why don't you come?

♥ I'd love to.  Where is it?
・surprise party は、主賓には秘密で計画して驚かせるパーティーのこと。
・I'd love to. =「～したい」。どちらかというと女性の言い方。

♥ What can I get you to drink?

♠ A beer, please.
What can I get you? は「何を食べ（飲み）ますか？」と相手の好みを尋ねるときの決まり文句。

♥ I'm getting the impression that you like her.

♠ Well, I think I do.

♠ Dance?

♥ I'd love to.
I'd love to. =「～したい」。どちらかというと女性の言い方。

♠ It was a lovely party.

♥ Well, thank you for coming.

♠ Thank you.  We really had a good time.

♥ It was so nice meeting you.  Hope to get together again soon.

♠ Sure.  I enjoyed meeting you, too.
Sure. =「もちろん」と強い同意を表します。同じ意で Surely / Certainly / Of course / Absolutely などがあります。

♠ Thank you for inviting me.

♥ It was a pleasure having you.  Please come again.

# UNIT 21 健康

| | | |
|---|---|---|
| **解熱剤の服用を<br>すすめる** | ♥解熱剤、飲んでみませんか？ | ☐ |
| | ♠そうしたほうがいいみたい。 | ☐ |
| **ダイエットを<br>すすめる** | ♠最近太ってきたんだよ。 | ☐ |
| | ♥ダイエットしたほうがいいんじゃないの？ | ☐ |
| **体の具合を尋ねる** | ♠お母さまのお加減はいかがですか？ | ☐ |
| | ♥まだ、駄目なんですよ。 | ☐ |
| | ♠ご心配ですねえ。 | ☐ |
| **めまいがする** | ♠どうしたの？　顔色があまりよくないよ。 | ☐ |
| | ♥頭がクラクラするんだ。 | ☐ |
| **調子が良くなった** | ♥気分はどうですか？ | ☐ |
| | ♠随分いいんです。ありがとう。 | ☐ |
| **花粉症の調子** | ♥花粉症はどうですか？ | ☐ |
| | ♠よくなっています。 | ☐ |
| | ♥それはよかった。 | ☐ |
| **骨折で入院中** | ♠テッドは？ | ☐ |
| | ♥足を骨折して入院しているよ。 | ☐ |
| | ♠どうしたの？ | ☐ |
| | ♥駅の階段で足を滑らせたんだって。 | ☐ |

| STEP 1 | STEP 2 | STEP 3 | STEP 1 | STEP 2 | STEP 3 |
|---|---|---|---|---|---|
| / | / | / | / | / | / |

CD-69

♥ Why don't you take some aspirin?
♠ I guess I should.
・take =「( 薬や栄養物を ) 摂る、飲む」 ・guess =「かもしれない」

♠ I'm a little over weight lately.
♥ Well, you should go on a diet.

♠ How's your mother doing?
♥ She's still pretty sick.
♠ That's too bad.
・pretty =「とても」「まずまず」
・That's too bad. は、相手から悩みなどを聞かされたとき「それはお気の毒に」「ご心配ですね」と返す、同情を表す決まり文句。

♠ What's wrong? You look a little pale.
♥ My head is spinning.
・What's wrong? =「どうしましたか？」という決まり文句。 ・spin = ( 頭が )「くらくらする」

♥ How are you feeling?
♠ Much better, thanks.
better =「よりよい」「いっそうよい」「もっとよい」

♥ How's your hay fever?
♠ Getting better.
♥ Glad to hear it.
・hay fever =「花粉症」 ・better =「よりよい」「いっそうよい」「もっとよい」

♠ Where's Ted?
♥ He is in the hospital with a broken leg.
♠ What happened?
♥ He fell down the stairs at the station.

# UNIT 22 天候 Part1

**いい天気**
- ♥なんていい天気！
- ♠本当に。

**ひどい天気**
- ♠ひどい天気ですねえ。
- ♥まったく。

**風が強い**
- ♥ひどい風じゃないかい？
- ♠まったく。

**涼しい**
- ♠なんか、今日は涼しいね。
- ♥うん、本当に。寒いくらいだよ。

**悪天候に閉口する**
- ♠嫌な天気だなあ。
- ♥まったく。昨夜からあがらないもんね。

**暑い天気の話題**
- ♠暑い天気が好きなんだ。あなたはどう？
- ♥暑いのはごめんです。

♥ What a beautiful day!
♠ Yes, indeed.

♠ It's an awful day, isn't it? ❗重要
♥ You're right.
「〜ですよね？」と念を押すときに使う付加疑問文です。

♥ Isn't this wind terrible?
♠ Yes, it certainly is.

♠ It's rather cool today, isn't it? ❗重要
♥ Yes, it is. Almost cold.
前出と同じく、念を押す付加疑問文です。

♠ It's a miserable day today.
♥ You're right. It's been raining since last night.

♠ I love hot weather. How about you? ❗重要
♥ No, I don't enjoy hot weather.
How about 〜？は「〜はどう？」と勧誘や提案の他に、意見や考えを尋ねることもできる、とても便利なフレーズです。前者は How about a beer? =「ビールでもどう？」のように、後者は How about your promise? =「その約束は一体どうしたのか？」のように使えます。

# UNIT 23 天候 Part2

**晴れを期待する**
- ♥午後は晴れるかなあ？
- ♠晴れたらいいね。

**雪になりそう**
- ♥雪が降りそうだね。
- ♠うん。夕方までに雪になりそうだね。

**雨が降りそう**
- ♥今日の天気、どうかなあ？
- ♠雨が降りそうだね。新聞によると午後は雨らしい。

**明日の予報**
- ♠明日の天気どうだろう？
- ♥テレビの予報では１日中晴れだって。

**天気を予想**
- ♠この良い天気はしばらく続くのかな？
- ♥そうらしいよ。

**台風が来ている**
- ♥台風８号が近づいているよ。
- ♠屋根をチェックしておかなきゃ。

**天気が回復**
- ♠いい天気のようだ。
- ♥ええ、昨日より随分いいようだよ。
- ♠このまま１日中、もってもらいたいねえ。

💚 Do you think it'll clear up this afternoon?
♠ I hope so.

💚 Looks like snow, doesn't it?
♠ Yes. It may snow before evening.
「〜ですよね？」と念を押すときに使う付加疑問文です。

💚 What is the weather like today?
♠ I'm afraid it'll start raining. The paper says it might rain this afternoon.
・What is 〜 like? は「〜がどんなものか？　どんな風か？」と尋ねるときに使います。
・I'm afraid は I think に近い意味に用いられますが、話の内容が自分または相手に良くないときに用います。

♠ I wonder what the weather will be tomorrow.
💚 The forecast on TV says it's clear skies all day.
forecast ＝「( 天候の ) 予報」「予想」

♠ Will this nice weather stay for a while?
💚 Yes, it seems so.

💚 Typhoon No.8 is approaching.
♠ We need to check the roof today.

♠ It seems to be a nice day.
💚 Yes, it's much better than yesterday.
♠ I hope this weather will last the whole day.
・better ＝「よりよい」「いっそうよい」「もっとよい」
・last ＝「続く」

# UNIT 24 天候 Part3

**気温**
- 💚 今日の気温はどのくらいあるの？ ☐
- ♠ 70度だよ。 ☐

**湿度**
- ♠ 蒸し暑いね。湿度はどのくらいあるんだろう？ ☐
- 💚 今75％だね。 ☐

**素晴らしい季節**
- 💚 ニューヨークの秋は素晴らしいよ。 ☐
- ♠ 楽しみだね。 ☐

**旅行先の天気**
- ♠ ボストンの天気はどうだった？ ☐
- 💚 寒かったよ。 ☐

**電話先の天気**
- 💚 そちらの天気はどうですか？ ☐
- ♠ 霧雨が降っています。 ☐

| STEP 1 | STEP 2 | STEP 3 | STEP 1 | STEP 2 | STEP 3 |
|--------|--------|--------|--------|--------|--------|
| /      | /      | /      | /      | /      | /      |

CD-72

💚 What's the temperature today?

♠ It's 70°F.

・temperature =「気温」「体温」「温度」。「体温」と限定したければ body temperature と言います。
・英米では摂氏（Celsius / centigrade）ではなく華氏（Fahrenheit）を用いるので、明記していない場合は華氏の温度になります。


♠ It feels muggy.  What's the humidity?

💚 The humidity is 75 percent now.

muggy =「蒸し暑い」「暑苦しい」


💚 The fall is terrific in New York.

♠ That sounds nice.

・terrific には「ものすごい」「恐ろしい」という意味以外に、口語で「素晴らしい」という意味もあります。
・sound ～=「～のように聞こえる」。sounds nice は「素敵に聞こえる」、つまり「それはいいね」という決まり文句。


♠ How was the weather in Boston?

💚 Cold.

How は、天候などがどのような具合か、状態を聞くときに使います。


💚 How's the weather over there?

♠ It's drizzling.

・上記と同じく、天候などがどのような具合か、状態を聞くときに使う How です。
・drizzle =「霧雨が降る」

矢野 宏（やの　ひろし）

愛媛県松山市に生まれる。松山東高等学校、クラーク大学卒業。その後ミシシッピ大学を卒業後、ノースウエスト航空会社に勤務。桜美林大学元非常勤講師、桜美林高等学校元教諭。日本英語検定協会準1級元面接委員。

1980年頃より執筆活動を始める。『英会話「決まり文句」セレクション』『Twitter/Facebookで今すぐ使える英語表現1200』（語研）、『まんが英会話 in U.S.A.』（旺文社）など、これまで20点を超える著書がある。

その他英語雑誌への寄稿多数。

英文校閲・吹込　Kay Husky
吹込　Eric Kelso
カバー／本文デザイン　長川玲子

聞く力・答える力が同時に身につく！
## 対話で覚える英会話

2013年10月25日　初版発行

[著　者]　矢野 宏　ⓒ 2013
[発行者]　片岡 研
[印刷所]　株式会社シナノ
[発行所]　株式会社ユニコム　UNICOM Inc.
　　　　　〒153-0064 東京都目黒区下目黒 1-2-22-1004
　　　　　Tel. 03-5496-7650　Fax. 03-5496-9680
　　　　　http;//www.unicom-lra.co.jp

ISBN 978-4-89689-492-9
許可なしに転載・複製することを禁じます。

# シリーズ５０万部突破！ 売れてます！

## 外国語の構造が図解でわかる！
## スーパー・ビジュアル　シリーズ

| | | |
|---|---|---|
| すぐに使える英会話 | すぐに使えるドイツ語会話 | すぐに使える英会話2 |
| 978-4-89689-418-9 定価 1,600 円 + 税 | 978-4-89689-452-3 定価 1,800 円 + 税 | 978-4-89689-437-0 定価 1,600 円 + 税 |
| すぐに使える中国語会話 | すぐに使える韓国語会話 | すぐに使えるタイ語会話 |
| 978-4-89689-419-6 定価 1,800 円 + 税 | 978-4-89689-436-3 定価 1,800 円 + 税 | 978-4-89689-441-7 定価 2,000 円 + 税 |
| すぐに使えるフランス語会話 | すぐに使えるイタリア語会話 | すぐに使えるスペイン語会話 |
| 978-4-89689-428-8 定価 1,800 円 + 税 | 978-4-89689-429-5 定価 1,800 円 + 税 | 978-4-89689-442-4 定価 1,800 円 + 税 |

## スーパー・ビジュアル
## すぐに使えるトラベル英会話

ISBN 978-4-89689-456-1 定価 1,600 円 + 税

　英語の構成を図解で対比して見ることによって、面倒な文法の説明なしに、なんとなくコトバの構造がわかってしまう。それが『スーパー・ビジュアル』方式です。『スーパー・ビジュアル』方式で、海外旅行に必要な語句をトピック別に集めました。

## 【話す】ための
## 英文の作り方 Drills

ISBN 978-4-89689-467-7 定価 1,600 円 + 税

　英語の仕組みをしっかりと踏まえた上で、英語的発想で英文を作る訓練をすれば、効率よく英会話の学習ができるはずです。そのために、本書では左ページにわかりやすい構文チャートを示し、右ページには和文から簡単に英文ができるように文の構築ドリルを配置しました。付属のＣＤには【文構築ドリル】と会話集【会話で決める】が収録されています。
　「英語がポンポン口をついて出る！」ようになるまで、繰り返し練習してください。

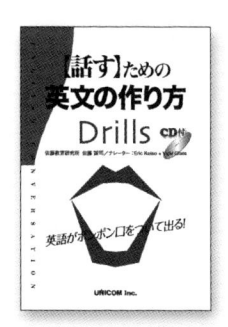

## コロケーションで覚える！ 英会話

ISBN 978-4-89689-468-4 定価 1,600 円 + 税

　コロケーション（collocation）とは、単語と単語との慣用的な結びつき、つまり「連語（関係）」のことです。「単語同士の結びつき（コロケーション）」に焦点を当て、フレーズ・例文・会話の実例をチェックしながら、「自分が言いたいことを的確に表現できる英語力」を身につけていきます。

## 目のつけどころを変えてみる！
## 日本語から考える英会話

ISBN 978-4-89689-491-2 定価 1,300 円 + 税

　英語の単語や決まり文句を知っていても、実際に言いたいことを英語で表現できるかというと、そこには大きな壁があります。言いたい事を英語で相手に伝えるためには、無意識に使っている日本語の特徴を、あらためて認識することが大きな助けになります。本書では「日ごろ使っている日本語」をどう処理すればより英語が伝わるのかを、わかりやすく解説していきます。